VERBORGENES

GRANADA

César Requesens

JONGLEZ VERLAG

Reiseführer

César de Requesens Moll (César Requesens) ist Autor und Journalist und Professor für Creative Writing im Kulturzentrum Casa de Porras der Universität Granada. Als herausragender Kenner von Kultur, Kunst und Leben der Stadt gründete er 2008 das Unternehmen Granada Secreta (granadasecreta.es), das sich einem Kulturtourismus abseits der Konventionen verschrieben hat. In seiner vielseitigen beruflichen Laufbahn war er für Zeitschriften wie *La Crónica de Granada*, *El Faro de Motril*, *La Opinión de Murcia*, *La Opinión de Málaga* und *La Opinión de Granada* tätig. César Requesens verfügt über eine eigene Wochenkolumne in der Zeitung *Granada Hoy* und ist Autor mehrerer Romane.

Die Arbeit an dem Reiseführer *Verborgenes Granada* hat uns große Freude bereitet. Wir hoffen, dass wir Ihnen damit ungewöhnliche, verborgene oder eher unbekannte Winkel der Stadt näherbringen können. Manche Einträge sind mit historischen Anmerkungen oder Anekdoten versehen, die dabei helfen, die Stadt in ihrer Vielschichtigkeit zu verstehen.
Verborgenes Granada lenkt die Aufmerksamkeit der Reisenden auf die vielen kleinen Details, an denen wir Tag für Tag achtlos vorbeigehen. Wir laden Sie ein, sich mit offenen Augen durch die urbane Landschaft zu bewegen und dieser Stadt, wenn Sie hier leben, mit ebensoviel Neugier und Interesse zu begegnen, wie Sie das auf Reisen in fremden Städten tun ...

Über Anmerkungen zu diesem Reiseführer und seinem Inhalt sowie Informationen zu Orten, die darin nicht aufgeführt sind, freuen wir uns sehr. Wir bemühen uns, diese in künftigen Auflagen zu integrieren.

Kontaktieren Sie uns:

E-Mail: info@jonglezverlag.com
Jonglez Verlag
Danziger Straße 4
10435 Berlin

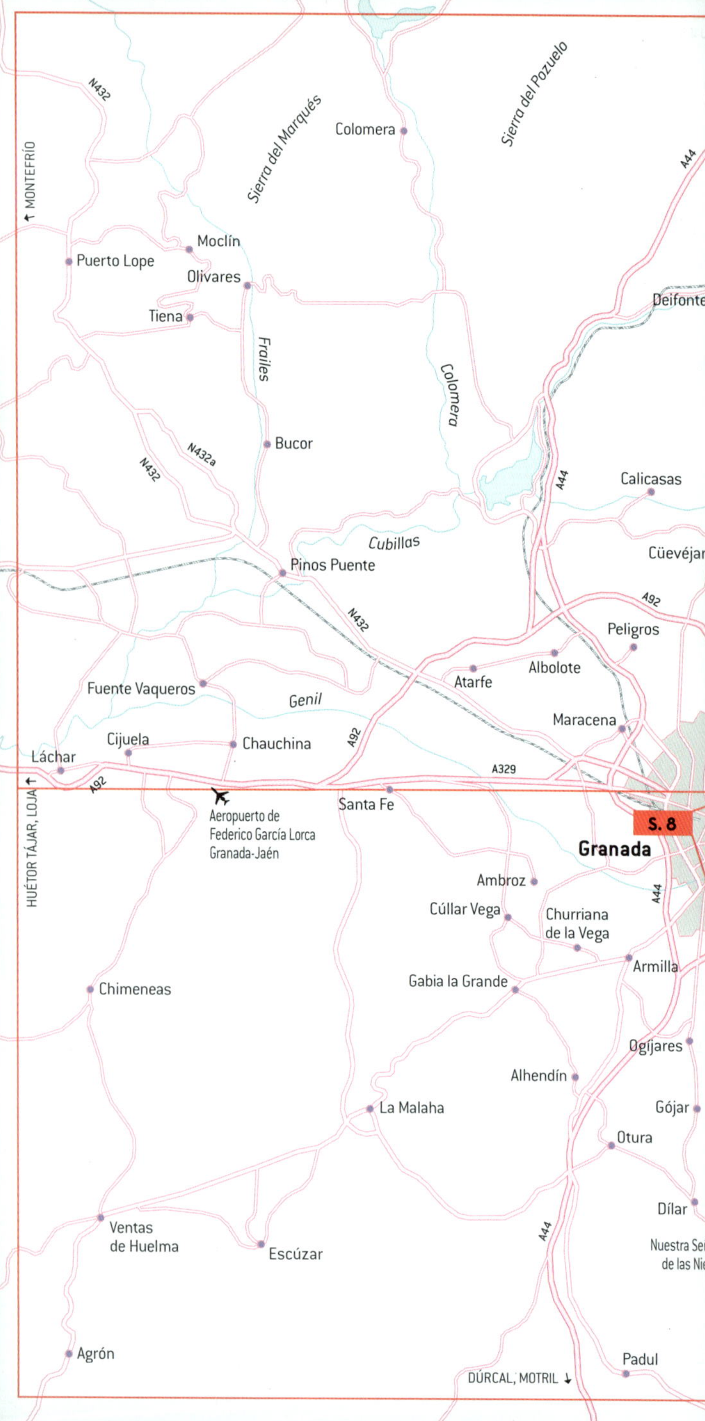

N432
Sierra del Marqués
Colomera
Sierra del Pozuelo
MONTEFRÍO
A44
Moclín
Puerto Lope
Olivares
Deifontes
Tiena
Frailes
Colomera
Bucor
N432a
N432
A44
Calicasas
Cubillas
Pinos Puente
Cüevéjar
A92
N432
Peligros
Albolote
Atarfe
Fuente Vaqueros
Genil
Maracena
Cijuela
Chauchina
A92
Láchar
A329
A92
HUÉTOR TÁJAR, LOJA
Aeropuerto de
Federico García Lorca
Granada-Jaén
Santa Fe
S. 8
Granada
Ambroz
A44
Cúllar Vega
Churriana
de la Vega
Armilla
Gabia la Grande
Chimeneas
Ogíjares
Alhendín
La Malaha
Gójar
Otura
Dílar
A44
Ventas
de Huelma
Escúzar
Agrón
Padul
DÚRCAL, MOTRIL

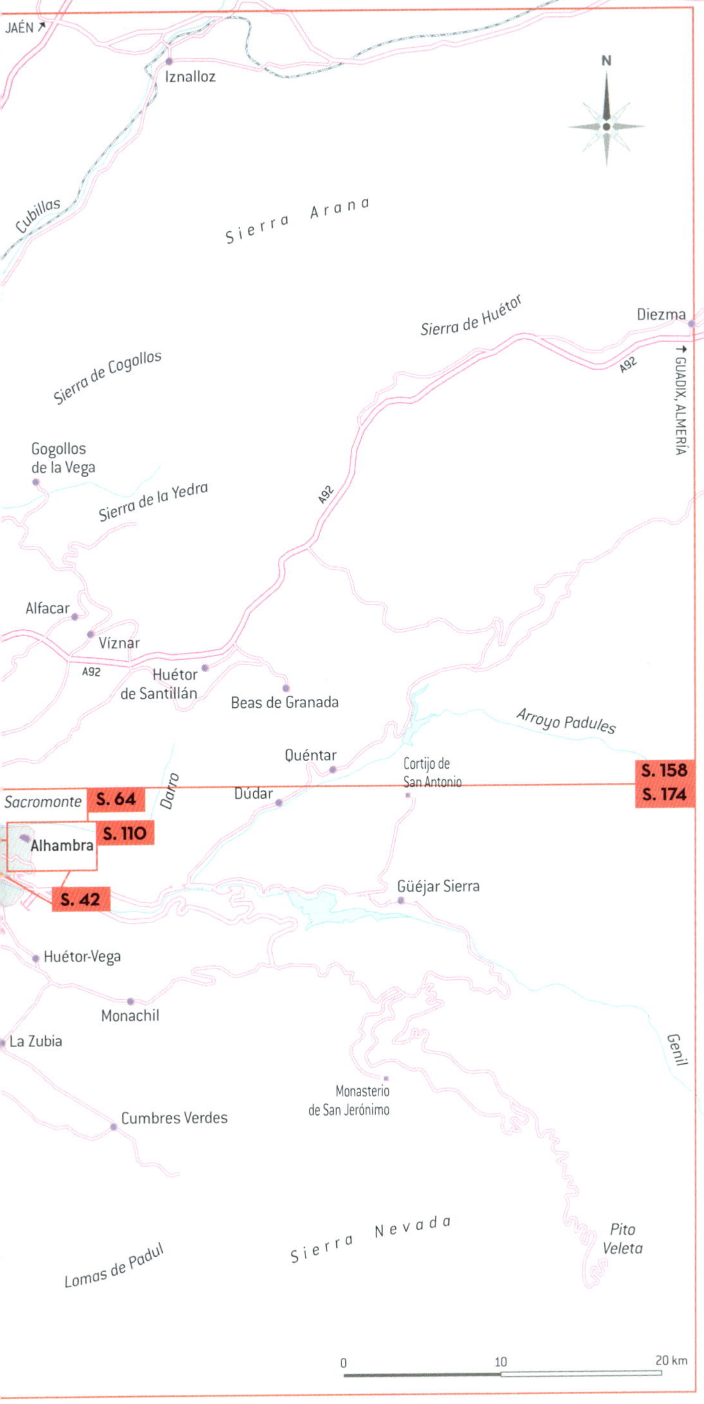

JAÉN
Iznalloz
N
Cubillas
Sierra Arana
Sierra de Huétor
Diezma
A92
GUADIX, ALMERÍA
Sierra de Cogollos
Gogollos
de la Vega
Sierra de la Yedra
A92
Alfacar
Víznar
A92
Huétor
de Santillán
Beas de Granada
Arroyo Padules
Quéntar
Cortijo de
San Antonio
S. 158
S. 174
Sacromonte
S. 64
Darro
Dúdar
S. 110
Alhambra
S. 42
Güéjar Sierra
Huétor-Vega
Monachil
La Zubia
Genil
Monasterio
de San Jerónimo
Cumbres Verdes
Pito
Veleta
Sierra Nevada
Lomas de Padul
0
10
20 km

INHALT

Altstadt

Realejo

Der Albaicín und Sacromonte

Die Alhambra

Nördlich von Granada

Südlich von Granada

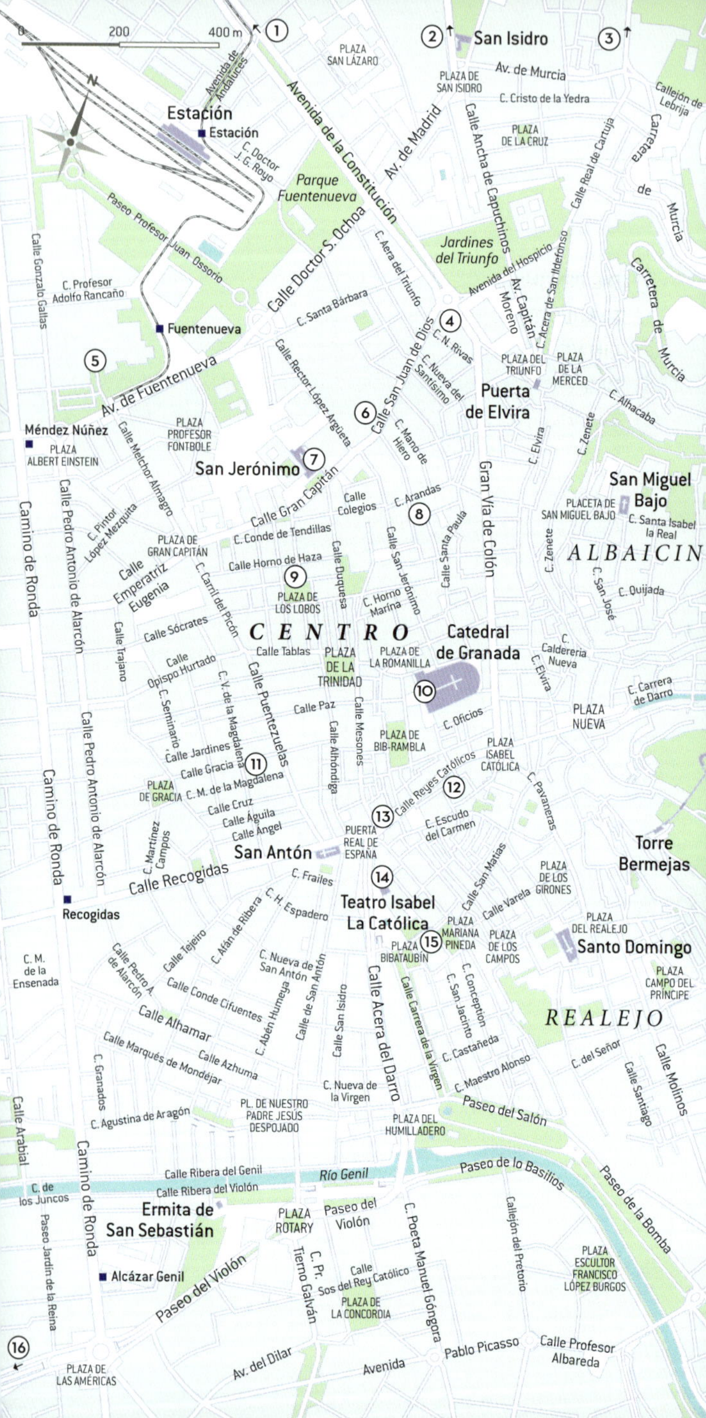

0
200
400 m
1
2
3
San Isidro
PLAZA SAN LÁZARO
PLAZA DE SAN ISIDRO
Av. de Murcia
C. Cristo de la Yedra
Callejón de Lebrija
Avenida de Andaluces
Estación
Estación
C. Doctor J. G. Royo
Avenida de la Constitución
Av. de Madrid
Calle Ancha de Capuchinos
PLAZA DE LA CRUZ
Calle Real de Cartuja
Carretera de Murcia
Parque Fuentenueva
Paseo Profesor Juan Ossorio
Calle Doctor S. Ochoa
C. Aera del Triunfo
Jardines del Triunfo
Avenida del Hospicio
C. Acera de San Ildefonso
Av. Capitán Moreno
Calle Gonzalo Gallas
C. Profesor Adolfo Rancaño
Fuentenueva
C. Santa Bárbara
4
C. N. Rivas
C. Nueva del Santísimo
Calle San Juan de Dios
PLAZA DEL TRIUNFO
PLAZA DE LA MERCED
5
Av. de Fuentenueva
Calle Rector López Argüeta
Puerta de Elvira
C. Alhacaba
Méndez Núñez
PLAZA ALBERT EINSTEIN
Calle Melchor Almagro
PLAZA PROFESOR FONTBOLE
6
C. Mano de Hiero
C. Elvira
C. Zenete
7
San Jerónimo
San Miguel Bajo
PLACETA DE SAN MIGUEL BAJO
C. Santa Isabel la Real
Calle Gran Capitán
Calle Colegios
C. Arandas
8
Gran Vía de Colón
Calle Pedro Antonio de Alarcón
C. Pintor López Mezquita
PLAZA DE GRAN CAPITÁN
C. Conde de Tendillas
Calle San Jerónimo
Calle Santa Paula
C. Zenete
ALBAICIN
Camino de Ronda
Calle Emperatriz Eugenia
Calle Horno de Haza
9
Calle Duquesa
C. Carril del Picón
PLAZA DE LOS LOBOS
C. Horno Marina
C. San José
C. Quijada
Calle Sócrates
Calle Trajano
CENTRO
Catedral de Granada
Calle Tablas
PLAZA DE LA TRINIDAD
PLAZA DE LA ROMANILLA
C. Caldereria Nueva
C. Elvira
Calle Opispo Hurtado
C. V. de la Magdalena
Calle Puentezuelas
10
C. Carrera de Darro
C. Seminario
Calle Paz
Calle Mesones
C. Oficios
PLAZA NUEVA
Calle Pedro Antonio de Alarcón
Calle Jardines
Calle Alhóndiga
PLAZA DE BIB-RAMBLA
PLAZA ISABEL CATÓLICA
Calle Gracia
11
PLAZA DE GRACIA
C. M. de la Magdalena
Calle Reyes Católicos
12
C. Pavaneras
Camino de Ronda
Calle Cruz
Calle Águila
Calle Ángel
13
C. Escudo del Carmen
C. Martínez Campos
San Antón
PUERTA REAL DE ESPAÑA
Torre Bermejas
Calle Recogidas
C. Frailes
14
Calle San Matías
PLAZA DE LOS GIRONES
Recogidas
C. H. Espadero
C. Afán de Ribera
Teatro Isabel La Católica
Calle Varela
PLAZA MARIANA PINEDA
PLAZA DE LOS CAMPOS
PLAZA DEL REALEJO
Santo Domingo
Calle Tejeiro
PLAZA BIBATAUBÍN
15
C. M. de la Ensenada
Calle Pedro A. de Alarcón
C. Nueva de San Antón
Calle de San Antón
Calle Acera del Darro
C. Concepción
C. San Jacinto
Calle Carrera de la Virgen
PLAZA CAMPO DEL PRÍNCIPE
Calle Conde Cifuentes
REALEJO
Calle Alhamar
C. Abén Humeya
Calle San Isidro
C. Castañeda
Calle Marqués de Mondéjar
Calle Azhuma
C. Granados
C. del Señor
Calle Santiago
Calle Molinos
C. Maestro Alonso
C. Nueva de la Virgen
Paseo del Salón
Calle Arabial
C. Agustina de Aragón
PL. DE NUESTRO PADRE JESÚS DESPOJADO
PLAZA DEL HUMILLADERO
Camino de Ronda
Calle Ribera del Genil
Río Genil
Paseo de lo Basilios
C. de los Juncos
Calle Ribera del Violón
Paseo de la Bomba
Ermita de San Sebastián
PLAZA ROTARY
Paseo del Violón
C. Poeta Manuel Góngora
Callejón del Pretorio
Paseo Jardín de la Reina
C. Pr. Tierno Galván
Calle Sos del Rey Católico
PLAZA ESCULTOR FRANCISCO LÓPEZ BURGOS
Alcázar Genil
Paseo del Violón
PLAZA DE LA CONCORDIA
16
Av. del Dilar
Avenida
Pablo Picasso
Calle Profesor Albareda
PLAZA DE LAS AMÉRICAS

Altstadt

DIE PSYCHIATRISCHE ABTEILUNG ① DER ALONSO-CANO-FAKULTÄT FÜR BILDENDE KÜNSTE

Kunsttherapie

Facultad de Bellas Artes Alonso Cano – Aynadamar-Gebäude
Avenida de Andalucía
958 243 819
bellasartes.ugr.es/facultad/contacto

Die neu gegründete Fakultät für Bildende Künste der Universität von Granada befindet sich in einem Gebäude, das über hundert Jahre die psychiatrische Klinik der Provinz beherbergte. Von der einstigen Nutzung des großen Gebäudes zeugt die kleine Psychiatrieabteilung Comunidad Terapéutica Granada Norte, die noch immer im selben Gebäudekomplex untergebracht ist. Patienten und Patientinnen, die hier behandelt werden, besuchen hin und wieder die Cafeteria der Hochschule und mischen sich unter die unkonventionell gekleideten Kunststudentinnen und -studenten. Sie haben Zugang zur Kunsthochschule – und auch die Studierenden können die Psychiatrieabteilung besuchen. Das Verhältnis zwischen Patienten und Studenten ist harmonisch, und die räumliche Nähe von Kunst und Psychiatrie zeigt im Rahmen einer neuen Disziplin – der Kunsttherapie – positive Wirkung. So arbeiten Akutpatienten in der einladenden und ruhigen Umgebung der Hochschule mit Studierenden der Kunsttherapie zum Beispiel an ihrer eigenen Interpretation von Gemälden großer Künstler wie Modigliani, Munch und Van Gogh. Die vergitterten Fenster der Seminarräume, die endlos langen Korridore und die Nummerierung der ehemaligen Patientenzimmer erinnern daran, dass in den Räumen, die heute für Zeichenkurse und Bildhauer-Workshops genutzt werden, einst Psychiatriepatienten behandelt wurden.

2003 fand in der Corrala de Santiago in Granada eine Ausstellung mit dem Titel *El Recuerdo fugitivo* („Gedanken außer Kontrolle") statt. Gezeigt wurden Werke von Patienten der therapeutischen Gemeinschaft, die sich mit Gemälden alter Meister auseinandergesetzt hatten.

EIN VERGESSENES REPUBLIKANISCHES WAPPEN

②

Relikt der Franco-Diktatur

Avenida de Madrid (neben der Plaza de los Cármenes)

Das große in Stein gearbeitete Wappen über dem Haupteingang des ehemaligen Provinzgefängnisses von Granada ist eines der wenigen Überbleibsel aus der Zeit des Franco-Regimes.

Als die Ära Francos 1977 endete, wurden alle republikanischen Symbole gesetzlich verboten. Wie es scheint, blieb dieses Wappen jedoch viele Jahre lang unbemerkt. Niemand weiß, warum. Angesichts dieses Versehens ist es eine Ironie des Schicksals, dass politische Gefangene, die die Franco-Diktatur unterstützt hatten, nach 1977 unter dem Symbol ebenjenes Regimes hinter Schloss und Riegel saßen, dem sie ergeben gedient hatten. Die Hauptfassade des Gebäudes ist heute nur noch teilweise erhalten, und einzig das Wappen über dem Eingang erinnert an die Häftlinge, die dort ihre Strafe verbüßten. Das Provinzgefängnis wurde geschlossen, nachdem in der nahe gelegenen Stadt Albolote eine moderne Strafanstalt errichtet worden war.

1985 setzte man das ehemalige Gefängnis, ein Backsteinbau des Architekten Felipe Jiménez Lac, das Einflüsse des Klassizismus und des Mudéjar-Stils aufwies, auf die Liste der außergewöhnlichen und künstlerisch wertvollen Gebäude Granadas (2001 wurde es wieder aus der Liste gestrichen). Schließlich aber riss man das markante Gebäude ab, um Platz im Herzen des neuen demokratischen Granadas zu schaffen. Das Eingangsportal mit dem republikanischen Wappen blieb jedoch erhalten. Offenbar bewahrten die kunstvollen Verzierungen das Wappen vor dem Verschwinden.

Das republikanische Wappen ähnelt stark dem heutigen Wappen Spaniens – mit dem Unterschied, dass das Wappenschild von mehreren Türmen, dem heraldischen Symbol der Zweiten Spanischen Republik (1931–1939), gekrönt wird. 1931 beschloss das Franco-Regime, die traditionelle Komposition mit den Wappen von Kastilien, León, Aragón und Navarra wiederzuverwenden, wie man an diesem Beispiel aus Granada sieht.

Gefängniszäune auf der Plaza de la Libertad

Nach dem Abriss des Gefängnisgebäudes verlegte man seine Außenzäune auf einen nahe gelegenen Platz, auf dem 1831 die liberalistische Heldin Mariana Pineda hingerichtet wurde. Auf diese Weise umgeben heute skurrilerweise die Sicherheitszäune des ehemaligen Gefängnisses den Platz, der in Gedenken an die mutige Freiheitskämpferin Plaza de la Libertad (Platz der Freiheit) heißt.

DER VORTRAGSSAAL DES COLEGIO MÁXIMO DE CARTUJA ③

Die alte Kapelle des Jesuitenkollegs

Facultad de Comunicación y Documentación
(Fakultät für Kommunikation und Dokumentation, Bibliothekswissenschaften)
Calle Campus de Cartuja (Universitätscampus Cartuja)
958 246 252
Mo–Fr 9–14 Uhr – Besuch nach Voranmeldung im Sekretariat

In einem abgelegenen Trakt der Universitätsgebäudes befindet sich ein ungewöhnlich schöner Versammlungsraum, der dem einstigen Jesuitenkolleg als Kapelle diente (siehe unten).

Heute ist in dem architektonischen Juwel die Aula der Fakultät für Bibliothekswissenschaften untergebracht. Sie liegt am Ende von langen Korridoren, auf denen Studierende zu ihren Vorlesungen eilen. Den großen Saal umgibt noch immer das Gefühl friedvoller Stille aus der Zeit, als junge Novizen des Jesuitenkollegs hier ins Gebet vertieft saßen und ihre Seele Gott anvertrauten.

Diese Oase erhabener Ruhe ist in sanftes Dämmerlicht gehüllt. Die Decke im Mudéjar-Stil war einst mit religiösen Malereien bedeckt. Heute wird der prachtvolle Saal für große Veranstaltungen innerhalb der Universität genutzt. Dort, wo einst der Altar stand, werden auf einem Podium Reden und Vorlesungen gehalten, und das Kirchengestühl mit den harten Kniebänken ist längst durch bequeme Stühle ersetzt, die für die Teilnehmer von akademischen Festen und Konferenzen reserviert sind.

Colegio Máximo de Cartuja

Im Jahr 1894 gründete der Jesuitenorden das Colegio Máximo als Ausbildungszentrum für Novizen. Es war das erste Gebäude, das im Bezirk Cartuja, dem heutigen Hauptcampus der Universität von Granada, errichtet wurde. Der große Bau des Architekten Francisco Rabanal reflektiert mit seinen historistischen Elementen den Geschmack der damaligen Zeit. Die mit Ziegelstein verkleideten Mauern im mittleren Fassadenteil sind mit Hufeisenbögen verziert. Darüber befindet sich im Zentrum eine Darstellung mit dem Heiligsten Herz Jesu, die 1916 ergänzt wurde. Der viereckige Gebäudekomplex mit seinen insgesamt vier Türmen und vier Innenhöfen wurde in den 1970er-Jahren von der Universität Granada erworben und sollte ursprünglich abgerissen werden. Nachdem der Bau jedoch jahrzehntelang ungenutzt blieb und verfiel, erklärte das Kultusministerium das Gebäude 1983 zum historischen und künstlerisch wertvollen Baudenkmal.

DAS WISSENSCHAFTSMUSEUM DES INSTITUTO PADRE SUÁREZ

④

Naturkunde des 19. Jahrhunderts

Museo de Ciencias del Instituto Padre Suárez
Calle Gran Vía, 61
958 893 120
Mo–Do 10–12 Uhr, Mi 17–19 Uhr
Gruppenführungen möglich: max. 15 Personen (unter 13 Jahre) und max. 20 Personen (über 13 Jahre)
Eintrittsgebühren fallen an; Reservierung erforderlich

Seit seiner Gründung im Jahr 1845 sammelt das Instituto Padre Suárez Kuriositäten, technische Erfindungen und Tierpräparate, die im Erdgeschoss des Lehrzentrums ausgestellt sind. In den Anfängen galt das Institut als das herausragende Museum für wissenschaftliche „Raritäten" in Andalusien, geriet dann aber für viele Jahrzehnte in Vergessenheit. Erst 1997 wurden die Räume renoviert und die Sammlung um weitere 4.000 Naturexponate (darunter Fossilien, Vögel und Säugetiere) ergänzt.

Wissenschaftler des 19. Jahrhunderts waren fasziniert von den hier präsentierten „Naturwundern" und Abnormitäten, wie dem Schaf mit sechs Hufen und einem mit zwei Köpfen. Ausgestellt ist auch ein präpariertes menschliches Gehirn, das in Teile zerlegt wurde, um die einzelnen Areale studieren zu können. Außerdem gibt es alle möglichen technischen Erfindungen sowie eine Sammlung künstlerisch wertvoller Kaleidoskope aus dem 19. Jahrhundert, Vergrößerungsgläser und eine Laterna Magica (der Vorläufer des heutigen Kinos).

Die naturkundliche Sammlung des Instituts umfasst auch Forschungsmaterialien aus dem 19. Jahrhundert über die heimische Fauna, wie zum Beispiel den Bartgeier und den Iberischen Luchs der Sierra Nevada. Die Exponate, die größtenteils aus dem 19. Jahrhundert stammen, sind in vier Sälen und einem Korridor ausgestellt und liefern einen Einblick in die Arbeit der einstigen Wissenschaftler und ihre Methoden, um die Arten zu katalogisieren und zu klassifizieren.

Dem Engagement von Rafael García y Álvarez, dem ersten Wissenschaftsprofessor der Universität, ist es zu verdanken, dass diese einzigartige Sammlung existiert. Er verbreitete die Theorien des Naturforschers Charles Darwin in Spanien und erstellte den ersten systematischen Sammlungskatalog sämtlicher Exponate im Jahr 1886.

José Taboada Tundidor führte seine wissenschaftliche Arbeit fort und erweiterte die Sammlungen durch stereoskopische Karten über die menschliche Anatomie und wissenschaftliche Instrumente wie Mikroskope oder Kompasse des 19. Jahrhunderts. Gegenwärtig setzt Professor Luis Castellón das auf Dauer angelegte Projekt zur wissenschaftlichen Aufklärung fort.

DAS MINERALIENMUSEUM DER ABTEILUNG FÜR MINERALOGIE UND PETROLOGIE

5

Exotische Steine

Facultad de Ciencias (Wissenschaftliche Fakultät, Universität Granada)
Avenida Fuentenueva
958 248 535
ugr.es/ffminpet
minpet@ugr.es
9–14 Uhr
Sammlungsleiter: Prof. Fernando Gervilla Linares

Die naturwissenschaftliche Fakultät der Universität Granada verfügt über eine bedeutende Mineraliensammlung. Die Steine sind in 21 gut beleuchteten Vitrinen in der zentralen Halle im zweiten Stock der Abteilung für Mineralogie und Petrologie ausgestellt.

Dank der sorgfältigen Arbeit des Instituts für Geologie und des Lehrstuhls für Kristallographie, Mineralogie und Mineralkunde konnten seit den 1970er-Jahren etwa 3.000 Exemplare gesammelt, datiert und katalogisiert werden. Nur etwa 1.300 davon werden öffentlich präsentiert (darunter mehr als 500 Steine aus allen Teilen der Welt).

Die Ausstellung ist vielleicht nicht besonders spektakulär, da sie in erster Linie pädagogischen Zwecken dient, aber sie birgt einige echte Raritäten von der Iberischen Halbinsel: Antimon und Periklas aus Málaga, Nordstrandit aus Haro, Geikielith aus La Coruña, Carbonat-Cyanotrichite aus Beninar und Pumpellyit aus Antequera. Das Museum verfügt auch über eine interessante Sammlung von Paragenesen und Begleitmineralien aus Lagerstätten in Tsumeb (Namibia). Sie wurden von der Firma, die diese Gesteine abbaut, gestiftet und nehmen einen Ehrenplatz in der Ausstellung ein.

Weitere wichtige Exponate sind Galenit aus Herrerías (Quiroquita-Varietät), Baryt aus San Ginés de la Jara, asturische Fluorite und wunderschöne Quarze und Achate aus Brasilien. Der Großteil der Sammlung umfasst die weithin bekannten Gipse sowie Granat, Baryt und Coelestin aus Spanien, außerdem verschiedene Mineralien aus der Provinz Granada. Aus Lagerstätten der Provinzen Murcia, Andalusien, Ciudad Real und Badajoz stammen Erze, Gangart und Nebengesteine – es sind sogar einige überraschende organische Mineralien, verschiedene Kohlearten und eine Auswahl von Industriegesteinen dabei.

Die heutige Sammlung nahm ihren Anfang mit 300 Mineralien, Gesteinen und Kohlearten, die Ende des 19. Jahrhunderts im Auftrag der Abteilung für Mineralogie der Universität Granada in Deutschland erworben wurden. Da die naturwissenschaftliche Fakultät mehrmals ihren Standort wechselte, zog auch die Sammlung einige Male um. Dabei gingen immer auch einige der Mineralien verloren, die im Laufe der Zeit jedoch wieder ersetzt wurden.

DER SILBERNE RELIQUIENSCHREIN DES HEILIGEN JOHANNES VON GOTT ⑥

Der Schatz der Basilika

Basilika de San Juan de Dios – Calle San Juan de Dios, 23
958 275 700
Mo–Sa 10–13 und 15–19 Uhr; So geschlossen

Verborgen hinter dem Hauptaltar der prachtvoll ausgestatteten barocken Basilika des Heiligen Johannes von Gott befindet sich der sogenannte Camarín, der quasi ein kleines „Museum" für sich darstellt und Gläubige wie Kunstliebhaber gleichermaßen begeistert. Er besteht aus der Sakristei, einem Vorraum, der „Kammer" mit dem beeindruckenden Schrein aus Silber, der die Reliquien des Schutzheiligen der Stadt Johannes von Gott enthält, und einem kleinen Raum dahinter, der für die Besinnung und das stille Gebet gedacht ist. Viele Kirchgänger kommen täglich zur Messe in die gut besuchte Kirche, doch nur wenige wissen, welche Schätze sich in den Räumen hinter dem Altar verbergen. In der Sakristei ist ein gläserner Reliquienbehälter mit Knochenfragmenten des Heiligen Johannes von Gott für die Verehrung durch die Gläubigen ausgestellt. Zu bewundern sind hier die dekorativen Fliesen aus Triana, Deckengemälde von Diego Sánchez Saravia und Tomás Ferrer, ein Kruzifix von Alonso Cano sowie ein Werk von José Risueño, das die *Heilige Familie* darstellt. In einer Nische ruht das schlafende Jesuskind, und gleich daneben kann man die auf Kupfer gemalte *Virgen de la Encarnación* (*Jungfrau der Menschwerdung*) des Meisters Becerril sehen. Im Vorraum stehen zwei chinesische Porzellanvasen aus der Ming-Dynastie (16. Jahrhundert). Der Raum mit dem monumentalen Reliquienschrein des Heiligen Johannes von Gott glänzt in Gold, Silber und Bronze. Um den Schrein herum sind weitere Reliquien präsentiert, so ein Kruzifix, das der Heilige in den Händen und auf den Knien gehalten haben soll, als er 1550 in der Casa de los Pisa starb, sowie ein Stück des Kreuzes, an dem Jesus Christus gekreuzigt wurde, und ein Dorn aus der Dornenkrone Jesu, dessen Echtheit von Papst Benedikt XIV. offiziell bestätigt wurde. Gezeigt werden zudem Reliquien weiterer Heiliger aus dem Orden der Barmherzigen Brüder, beispielsweise von Johannes Grande und dem heiligen Ricardo Pampuri. An den Wänden befinden sich 123 Kristallkästen, die die sterblichen Überreste frühchristlicher Märtyrer enthalten und aus römischen Katakomben hierhergebracht wurden. Der Camarín war einst vollständig mit Silber verkleidet, aber während der französischen Invasion von 1808 ging so ziemlich alles an Edelmetall verloren – bis auf den Schrein aus Silber, den man klugerweise rechtzeitig versteckt hatte.

DIE GRABSTÄTTE DES GRAN CAPITÁN ⑦

Granadas großer Hauptmann

Iglesia de Monasterio de San Jerónimo (Kirche des Klosters des heiligen Hieronymus)
Hochaltar – Calle Rector López Argüeta, 9
958 279 337
März bis Okt. Mo–Fr 10–13.30 und 16–19.30 Uhr; Sa, So und an Feiertagen 10–14.30 und 16–19.30 Uhr; Okt. bis März Mo–Fr 10–13.30 und 15–18.30 Uhr; Sa, So und an Feiertagen 10–14.30 und 15–18.30 Uhr

In der Kirche des Hieronymusklosters befindet sich am Fuß des Hochaltars eine Grabnische, in der man lange die sterblichen Überreste von Gonzalo Fernández de Córdoba y Aguilar (1453–1515) vermutet hat. Der General war aufgrund seiner militärischen Fähigkeiten und seiner zahlreichen Triumphe im Dienst der spanischen Krone als *El Gran Capitán* (*Der große Hauptmann*) bekannt (siehe unten). Jüngste DNA-Analysen haben ergeben, dass es sich bei den Gebeinen in der Nische nicht um die des berühmten Generals handelt. Wahrscheinlich wurde sein Grab im Unabhängigkeitskrieg (1808–1812) von französischen Truppen zerstört – als Rache für die Niederlagen, die der große spanische Heerführer dem Nachbarland Frankreich zugefügt hatte. Wie berichtet wird, kam die Witwe von *El Capitán*, María Manrique, die Herzogin von Sessa, tagtäglich hierher, um den Bau des Klosters zu überwachen. Sie wollte die sterblichen Überreste ihres Mannes, die nach seinem Tod übergangsweise im Kloster der Unbeschuhten Karmelitinnen von San José beigesetzt worden waren, hier bestatten lassen. Die Straße, in der die Witwe während der Bauarbeiten wohnte, und die sie jeden Tag auf dem Weg zum Kloster entlangging, ist heute als Calle Duquesa bekannt.

Die Rechnungen des Großen Hauptmanns

Nach zahlreichen erfolgreichen Schlachten zur Verteidigung des Königs von Neapel wurde der brillante Heerführer Gonzalo Fernández de Córdoba y Aguilar als *El Capitán* berühmt. Mit effektiven Kampftechniken hatte er die Kavallerie Granadas neu aufgestellt, die Infanterie beweglicher gemacht, und die spanische Kriegsführung revolutioniert. Nachdem Königin Isabella I. 1504 gestorben war, distanzierte sich Ferdinand II. von Don Gonzalo, was zur bekannten Episode der „Rechnungen des großen Hauptmanns“ führte. Der König beschuldigte Don Gonzalo, die finanziellen Mittel für seine Kriegsausgaben schlecht verwaltet zu haben. El Capitán reagierte, indem er dem König eine detaillierte Aufstellung der Rechnungen zukommen ließ. Das Simancas-Archiv in Valladolid verwahrt diese Dokumente aus dem Krieg in Italien: Tausende von Seiten, auf denen akribisch Quittungen und Ausgaben aufgelistet sind, die die Namen der Hauptmänner und Matrosen enthalten, die für den jeweiligen Posten verantwortlich waren. Dies machte dem König jede weitere Aktion unmöglich.

GEDENKTAFEL AUF DER CALLE NIÑOS LUCHANDO ⑧

Eine glückliche Fügung und eine Tasche voller Münzen

Calle Niños Luchando

Der kuriose Name La Calle Niños luchando (Straße der kämpfenden Kinder) geht auf die Geschichte zweier Brüder zurück, die in einem Zimmer an dieser zentralen Durchgangsstraße Granadas heftig miteinander rauften. Die Kinder waren so sehr in ihren Kampf vertieft, dass sie gegen eine schlecht gemauerte Wand stießen, die das Gewicht der beiden nicht tragen konnte und einstürzte. Dabei fiel ein Beutel voller Gold- und Silbermünzen aus den verputzten Ziegeln. In seiner Freude über das unerwartete Glück ließ der Vater der Jungen eine Gedenktafel an der Fassade seines Hauses anbringen. Die Tafel (die später entfernt wurde) stellte den Kampf der Kinder dar, der dieser Familie viel Glück gebracht hatte.

Weitere Straßen mit ungewöhnlichen Namen

Calle Silencio: Der Name der Calle Silencio (Straße der Stille), die vom Botanischen Garten bis zur Juristischen Fakultät verläuft, hat ihren Ursprung in der arabischen Vergangenheit der Stadt. Während der Nasridenzeit vom 13. bis Ende des 15. Jahrhunderts befand sich die Straße in der Nähe des Bab al-Murdi – des Tors, das neben dem Obstgarten von Aben Murdi stand. *Aben Murdi* bedeutet „Sohn des Stummen" – es ist also leicht nachvollziehbar, wie die Straße zu ihrem Namen kam.

Calle de las Funerarias: Der Teil der Calle San Jerónimo, der der Kathedrale am nächsten liegt, ist als „Straße der Bestatter" bekannt, da sich dort viele Bestattungsinstitute befanden. Heute gibt es hier nur noch einen Bestatter: die Funeraria Del Moral in der Nähe der Plaza de la Universidad.

Der Geist des Musikprofessors

Spukt es im Konservatorium? Eigenartige Geräusche, Stimmen, die die Namen von Professoren flüstern und das unerklärliche An- und Ausknipsen von Lichtschaltern (wenn sich offiziell niemand im Haus befindet) fordern die Skepsis der Menschen heraus, die seit den 1980er-Jahren am Königlichen Victoria-Eugenia-Konservatorium für Musik arbeiten und studieren. Im zentralen Innenhof scheinen seltsame Windstöße in der Stille der Nacht die Blätter zum Rascheln zu bringen und den Weg für ein übernatürliches Wesen freizugeben. Die Anwesenheit eines Geistes fiel erstmals Miguel Carmona (dem ehemaligen Direktor des Konservatoriums) auf. Es heißt, der Geist hieße Felipe und sei ein ehemaliger Musikprofessor, der von der Hochschule verwiesen wurde, nachdem er sich hier ein Leben lang der Musik gewidmet hatte. Der Professor sei ein erfahrener Musiker gewesen, hätte aber nicht die passenden Qualifikationen besessen. Der ehemalige Direktor ist sich sicher, dass der Professor noch Jahre nach seiner Entlassung von der Sehnsucht nach dem Konservatorium, das ihm so viel bedeutet hatte, zerfressen wurde. Diese geheimnisvollen Phänomene ereignen sich in einem geschichtsträchtigen Gebäude. Die Musikhochschule hat ihren Sitz in einem prächtigen Palast im Stadtzentrum. Er gehörte einst den Markgrafen von Caicedo und beherbergte früher eine Sekundarschule und die Fakultät für Pharmakologie.

EWIGE ANBETUNG

⑨

Eine ganze Nacht des Gebets, damit die Anbetung des Heiligen Sakraments ohne Unterbrechung fortgesetzt wird

Capilla de la Misericordia
Plaza de los Lobos, 12
Tägl. ab 18 Uhr geöffnet
Eintritt frei

Jeden Tag ab 18 Uhr empfängt die Kapelle der Barmherzigkeit Gläubige, die zur gleichen Zeit wie Tausende anderer Christen weltweit beten möchten, zur so genannten Ewigen Anbetung. Diese intime Zeremonie bildet einen seltsamen Kontrast zum alltäglichen Lärm der Autos und Fußgänger auf der Plaza de los Lobos.

Jede Nacht wird hier in der „realen" Gegenwart Jesu gebetet, denn das Heilige Sakrament bleibt während des einfachen, bescheidenen nächtlichen Rituals in einer Monstranz auf dem Altar den Blicken preisgegeben. Ziel der nächtlichen Anbetung ist es, stellvertretend für die ganze Menschheit die Nacht hindurch in Schichten gemeinsam zu wachen und zu beten – damit die ewige Anbetung des Heiligen Sakraments ohne Unterbrechung fortgesetzt wird. Während des Gebets werden verschiedene Passagen aus den Evangelien in Latein und Spanisch gesungen.

Im opulenten Innenraum der Kapelle glänzen weiße Banner mit Goldverzierungen. Bei der nächtlichen Versammlung von Gläubigen zur Ewigen Anbetung, die 1848 ins Leben gerufen wurde (siehe unten), werden Osterkerzen aufgestellt und verschiedene Marienandachten abgehalten.

Eine Vereinigung, die in Paris gegründet wurde

Der 1820 im Hamburg geborene Hermann Cohén gründete 1848 in Paris die „Vereinigung für nächtliche Anbetung". Der Karmeliterpriester war jüdischer Herkunft und ein berühmter Pianist. Als er zum Katholizismus konvertierte, nahm er den Namen Agustín María del Santísimo Sacramenta an. Luis de Trelles y Noguerol (1819–1891), ein galizischer Rechtsanwalt und Politiker, führte als überzeugter Katholik die Praxis der Ewigen Anbetung in Spanien ein, nachdem er 1862 an einer solchen Nachtwache in Paris teilgenommen hatte. Von da an widmete er sein Leben der Verbreitung dieser Praxis in ganz Spanien, wo die Ewige Anbetung heute zahlreiche Anhänger hat.

INSCHRIFTEN AN DER KATHEDRALE

⑩

Graffiti mit Geschichte

Fassade der Kathedrale von Granada – Plaza de Alonso Cano

Die seltsamen Inschriften an der Kathedrale gehen auf eine römische Tradition zurück, die zunächst von der Kirche, dann von der Universität Granada, und schließlich vom Franco-Regime übernommen wurde: Mit roter oder schwarzer Farbe schrieb man die Namen bedeutender Persönlichkeiten an die Wände. Auf der Fassade der Kathedrale verzeichnete man dabei nach mittelalterlichem Brauch die berühmtesten Gelehrten der Universität von Granada – der Menschen, die als würdig erachtet wurden, um auf ewig in Erinnerung zu bleiben.

Das Franco-Regime griff diese Tradition der Rückschau und ewigen Würdigung auf und nutzte dafür eine eigene Formel, die die Buchstaben V, C, R und T enthielt, und Persönlichkeiten der Diktatur wie José Antonio Primo de Rivera (siehe unten) ins Gedächtnis einschreiben sollten. Heute sind die verbliebenen Inschriften fast unleserlich geworden, und die Namen an den Wänden der Kathedrale nur schwer zu entziffern.

José Antonio Primo de Rivera

An der Fassade der Kathedrale, die die Plaza de Alonso Cano säumt, prangt in großen Buchstaben der Name José Antonio Primo de Rivera. Der Gründer der Falange Española war der Ideologe des faschistischen Regimes von General Francisco Franco und der Sohn des Diktators Miguel Primo de Rivera y Urquijo, der Anfang des 20. Jahrhunderts in Spanien herrschte. Es ist überraschend, seinen Namen hier zu sehen, da seit der Einführung der Demokratie in Spanien fast vierzig Jahre vergangen sind und seitdem zahlreiche Gesetze zur Beseitigung sämtlicher Symbole des Franco-Regimes verabschiedet wurden. An drei Tagen im Jahr kommen Faschismusverklärer zu den Mauern der Kathedrale, um Primo de Rivera posthum zu huldigen: Am 2. Januar (Tag des Gedenkens an den Fall Granadas an die christlichen Truppen), am 18. Juli (Datum der Kriegserklärung gegen die Spanische Republik, früher bekannt als Tag des Sieges) und am 20. November (Todestag von Francisco Franco und José Antonio Primo de Rivera). Es hat immer wieder Versuche gegeben, die Erinnerung an diese unglückselige Epoche Spaniens auszulöschen. Der Name José Antonio blieb hier stehen – als Mahnmal an eine Zeit, die die meisten Bürger Granadas bereits der Geschichte anheimgegeben haben.

DER GEBURTSORT VON EUGENIA DE MONTIJO

11

Von Granada auf den französischen Thron

Calle Gracia, 12

Am 5. Mai 1826 kam in der Calle Gracia in einem Haus gegenüber der Magdalenenkirche im Stadtviertel Magdalena die letzte Kaiserin von Frankreich als Frühgeburt zur Welt. Sie war die zweite Tochter von Manuela Kirkpatrick und Cipriano Guzmán Palafox y Portocarrero, dem Grafen von Teba, Marquis von Ardales und späterem Grafen von Montijo. Da ein Erdbeben drohte, wurde das Kind in einem Zelt geboren, das man im Garten aufgestellt hatte. Heute erinnert kaum mehr etwas an die kaiserliche Vergangenheit dieses Hauses, das mittlerweile in unscheinbare Wohnungen unterteilt ist – mit Ausnahme der Fassade, die noch mit Dekorationselementen und architektonischen Motiven verziert ist, die im 19. Jahrhundert Mode waren. Eine Gedenktafel an der Tür und ein Hinweisschild für Touristen machen darauf aufmerksam, dass hier die Kaiserin Eugénie geboren wurde: eine ambitionierte Frau, der in ihrem Leben die höchsten Ehren zuteil wurden, bevor sie in Ungnade stürzte.

Der Aufstieg und Fall einer zielstrebigen Frau

Doña Manuela, die Mutter von Eugenia de Montijo, war stets darauf bedacht, die Schönheit ihrer jungen Tochter in der adligen Gesellschaft von Madrid und Paris zur Schau zu stellen. Eugenias Vater hatte Titel, Besitz und die Familienstiftung seines kinderlosen Onkels geerbt und war auf diese Weise zum Grafen von Montijo aufgestiegen. Eugenia und ihre ältere Schwester Francisca (Paca) wurden daraufhin in die Gesellschaft eingeführt. Paca schloss bald schon eine vorteilhafte Ehe mit dem Herzog von Alba. In Paris wurde Prinz Louis-Napoleon Bonaparte, der Neffe des großen Napoleon, auf die *belle Espagnole* aufmerksam. Eugenia ging auf seine leidenschaftlichen Avancen ein, um die ersehnte Heirat zu erreichen, und wurde Kaiserin von Frankreich. Doch sie litt sehr unter den zahlreichen Seitensprüngen ihres Ehegatten und unter den Schwierigkeiten, ihm einen Erben zu gebären. Eugenia war niemals eine beliebte Königin gewesen, doch 1857 wurde endlich der ersehnte Prinz Eugène Louis geboren. Doch 1870, nach der Niederlage Napoleons III. im Deutsch-Französischen Krieg und dem Untergang des Zweiten Kaiserreichs in Frankreich als die Pariser Kommune entstand, schlug der Kaiserin vermehrt Hass entgegen. Nachdem sie in den Tuilerien von einer aufgebrachten Menge in die Enge getrieben wurde, die „Tod der Spanierin" skandierte, entschied Eugénie, ins Exil nach London zu gehen. Dort betrauerte sie 1873 den Tod ihres Mannes und 1979 den ihres einzigen Sohnes, der nur 22 Jahre alt geworden war. Nach ihrer Verbannung starb sie 1919 im Palacio de Liria (Liria-Palast) in Madrid. Sie wurde in London bestattet, fern ihrer Heimat, ihrer Familie und ohne den Ruhm vergangener Zeiten, in denen sie der strahlende Stern einer kurzen, aber glanzvollen Ära der europäischen Geschichte gewesen war.

DIE KERZENUHR VON GRANADA ⑫

Eine skurrile Erfindung, die Muhammads Geburtstag anzeigt

Fundación El Legado Andalusí – Edificio Corral del Carbón
Calle Mariana Pineda, 21 – 958 225995 – legadoandalusi.es
Geöffnet: Di–Sa (und Mo vor Feiertagen) 10–19 Uhr; So und an Feiertagen 10–15 Uhr. Geschlossen: Mo (außer an Feiertagen und am Tag vor einem Feiertag), 1. und 6. Januar, 1. Mai und 25 Dez.
Freier Eintritt am 28. Februar (Día de Andalucía; Feiertag in Andalusien)

Das Wissenschaftsmuseum im Pavillon al-Ándalus y la Ciencia der Fundacion El Legado Andalusí beherbergt ein einzigartiges wissenschaftliches Instrument: Die Kerzenuhr von Muhammad V. (1338–1391), die der arabische Historiker, Philosoph und Dichter Ibn al-Chatib (1313–1374) ausführlich in seinem Werk *Nufada III* beschreibt. Diese Uhr (*minkan* oder *mankana*) hat eine hohe symbolische Bedeutung, deren Inspiration in der arabischen Hermetik liegt.

Nach Ibn al-Chatib wurde die Uhr verwendet, um die Stunden des Maulid im Jahr 764 der Hidschra zu markieren, das dem Jahr 1362 der christlichen Ära entspricht. Die Hidschra war die Zeit der Auswanderung des Propheten Muhammad von Mekka nach Medina. Das *Maulid* (*maulid an-nabi* oder *milad an-nabi*) ist das Datum, an dem die Muslime die Geburt des Propheten Muhammad feiern – auch wenn der Koran das *Maulid* gar nicht erwähnt und sogar davon abrät, den Geburtstag des Propheten zu feiern, indem er formuliert: „Übertreibt nicht in Bezug auf den Propheten, so wie es die Christen in Bezug auf den Sohn Marias getan haben. Ich bin nichts weiter als ein furchtsamer Diener Allahs." Im Laufe der Zeit sprachen sich einige muslimische Theologen immer wieder gegen diesen Brauch aus, da sie ihn nicht als integralen Bestandteil des Islams betrachteten, sondern als bid'a („Neuerung, die zur Sünde führt"). Obwohl Theologen es ablehnen, feiern Tausende von Muslimen das *Maulid* mit Gesängen und Gebeten. Wahrscheinlich ist der Brauch, den Geburtstag des Propheten zu feiern, auf den Einfluss des christlichen Festes zur Geburt Jesu

zurückzuführen. In einigen Ländern finden an diesem Tag Festumzüge statt, und auch Feuerwerke sind zur Tradition geworden.

Die Kerzenuhr in der Residenz von Muhammad V. in Granada zeigte die Stunden des islamischen Geburtsfestes an. Er war von 1354 bis 1359 und von 1362 bis 1391 der nasridische Herrscher von Granada und die erste Person, die eine Uhr besaß, die die nächtlichen Stunden anzeigte. Ibn al-Chatib beschreibt den Mechanismus dieser Uhr im Detail: Sie besteht aus einem zwölfeckigen Holzgehäuse und hat eine Höhe von 165 bis 170 Zentimeter. An jeder Seite der Uhr befindet sich eine kleine Gebetsnische (*Mihrab*), die mit einer Tür und einem Riegel verschlossen ist und mehrfarbige Verzierungen aufweist. In den oberen Teil der Uhr steckte man eine brennende Kerze, die in zwölf Segmente (eines für jede Stunde) unterteilt war. Aus jedem dieser Stundenabschnitte ragte ein Leinenfaden hervor. Die insgesamt zwölf Fäden waren jeweils an einen der Riegel gebunden, um zu verhindern, dass diese sich lösten und die Türchen sich öffneten. Im Bogenfeld jeder Nische befand sich eine sechseckige Vertiefung und eine Kupferkugel, und hinter jedem Türchen ein Stab, der das vorzeitige Fallen der Kugel verhinderte. Außerdem enthielt die Vertiefung hinter dem Türchen jeweils eine kleine Figur, die ein gerolltes Papier mit einem Vers hielt, der die jeweilige Stunde verkündete. War die Kerze nun niedergebrannt und die Stunde vorbei, verbrannte der entsprechende Leinenfaden. Dadurch löste sich der Riegel, der den Eisenstab hielt, sodass die Kugel in eine kleine Kupferschale fiel und ein Geräusch erzeugte. Gleichzeitig öffnete sich das Türchen und das Figürchen mit dem Stunden-Vers kam aus dem Gehäuse heraus. Ein Diener nahm das Papierrollchen entgegennehmen und las den Vers vor.

Diese besondere Uhr, die angetrieben wurde durch die Flamme einer Kerze und durch die Luft, die sich durch ihre hohle Form bewegte, erregte im Laufe der Jahre immer größere Neugierde. Jedes Mal, wenn sie einem Test unterzogen wurde, zeigte der Mechanismus die exakte Zeit an und bewies die Zuverlässigkeit der Konstruktion.

Die kleinen Nischen in der Uhr weisen symbolisch auf die heilige Natur der Zeit hin. *Mihrab* ist die Nische in einer Moschee, die die Richtung (*qibla*) der heiligen Stadt Mekka und somit die Gebetsrichtung anzeigt. Zudem sind die zwölf Kugeln der Uhr aus Kupfer gefertigt – ein Metall, das arabische Alchemisten mit dem Planeten Venus in Verbindung brachten, der als Alter Ego des Mondes galt, dessen zunehmende Sichel das Symbol des Islam ist. Die geriffelten Kugeln sind also ein Symbol für den Mond, dessen Krater von der Sonne (die durch die Kerze dargestellt wird) beleuchtet werden.

EINE TOUR DURCH KANÄLE DES FLUSSES DARRO

(13)

Urbane Höhlenforschung

Granada Secreta (Geheimes Granada)
958 220 756 – granadasecreta.es
Die Touren finden regelmäßig statt (nach Anmeldung und Genehmigung der Behörde) – Dauer: 3 Stunden
Preis: 25 € (plus Leihausrüstung)
Die Rundgänge sind nicht für Personen mit Mobilitätseinschränkung geeignet

Der Rundgang Granada Secreta bietet Besuchern die Möglichkeit, den unterirdischen Verlauf des Flusses Darro zu erkunden, der von der Plaza Nueva durch das Zentrum Granadas bis zur Mündung des Genil verläuft. Abenteurer, Experten und Neugierige können hier einen Fluss entdecken, an dem bis in die 1950er-Jahre noch Goldgräber beim Goldwaschen zu sehen waren.

Ausgestattet mit Gummistiefeln, Helmen, Taschenlampen und Regenmänteln erkundet die Gruppe bei der Führung den Flusslauf in den dunklen Tiefen der Stadt unterhalb der Calle Reyes Católicos, einem Bauprojekt, das der Stadt im Namen des Fortschritts ihren lebendigen Fluss und die Hauptverkehrsader nahm.

Die Kanalisierung des Flusses beginnt unterhalb der Plaza Nueva –

einem Symbol der neuen Ära, die von König Ferdinand und Königin Isabella im Zuge der Vereinigung Spaniens eingeleitet wurde. Hier befand sich der erste Gewölbeabschnitt, der im 16. Jahrhundert errichtet wurde. Vom Rey-Chico-Gebäude bis zu dieser Stelle ist der offene Kanal von Ufervegetation überwuchert und bietet einen Ausblick auf die Baudenkmäler des Albaicín und der Alhambra aus einer völlig ungewöhnlichen Perspektive. Einige der Brücken, die den Albaicín und die Alhambra einst miteinander verbanden, sind bis heute erhalten: die Puente de los Pescadores (Fischerbrücke), die Puente del Baño de la Corona (Kronenbadbrücke), die zusammen mit den gleichnamigen öffentlichen Bädern in der Nasridenzeit entstand, sowie die Puente de San Francisco (Brücke des Heiligen Franziskus) oder Puente del Carbón (Kohlenbrücke), die die Alcaicería mit der Alhóndiga (Kornmarkt) auf der anderen Seite des Flusses verband.

Eine weitere interessante Entdeckung in diesem Abschnitt sind die Gerbereien von Darro, in denen die Färber einst das Leder zuschnitten und färbten (unterhalb der Calle Tintes). Es sind sogar noch Reste von großen Tonkrügen zu sehen, von denen einige sogar aus dem 13. Jahrhundert stammen. Am Ende des Gewölbegangs weist ein Lichtstrahl auf die Stelle hin, an der der Fluss Darro im Jahr 1951 über die Ufer trat und die Wassermassen die Gewölbedecken sprengten.

Heute ist der Flusslauf durch mehrere Wasserfälle markiert, die es ermöglichen, die Höhenunterschiede des Flussbettes zwischen der Plaza Nueva und dem Genil auszugleichen.

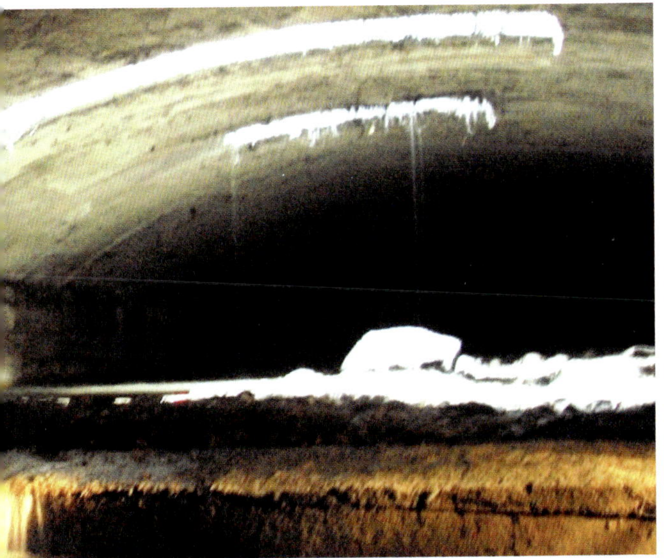

DAS STADTTHEATER UND DIE GROSSE STATUE DER ISABELLA I. ⑭

Die Königin auf dem Dach

Teatro Isabel La Católica
Calle Acera del Casino

Die meisten Passanten, die am Stadttheater von Granada vorbeigehen, nehmen die riesige Statue kaum wahr, es sei denn, sie richten den Blick gen Himmel: Auf dem Dach des Theaters, das nach Isabella I. von Kastilien benannt ist, steht die überdimensionierte Skulptur der Königin von dem Bildhauer Nicolás Prados López (1913–1990).

Der aus Granada stammende Künstler, der stets intensiv an seinen Projekten arbeitete, wohnte während der Fertigstellung des Theaters in einer Dachgeschosswohnung direkt unter dem jetzigen Standort der Statue. Wenige Tage vor der Eröffnung des Theaters am 6. Juni 1952 wurde das große Standbild der Königin feierlich enthüllt.

Das erste Werk, das im neuen Teatro Isabel la Católica (Theater von Isabella der Katholischen) gespielt wurde, war die Oper *Carmen* von Georges Bizet. Unter den Zuschauern im randvoll besetzten Haus waren damals prominente Gäste wie die Schauspielerin Joan Fontaine und der Schauspieler Louis Jordan.

Das Stadttheater in der Calle Acera del Casino liegt, wie der Straßenname schon sagt, neben dem größten Kasino der Stadt. Trotz seiner Monumentalität hatte das Schauspielhaus seinen prunkvollen Namen jedoch nicht wirklich verdient: Die Akustik gilt als mäßig gut, und die Sitzplätze als unbequem. Die Wandmalereien von Manuel Rivera im Vestibül jedoch machen diese Mängel wieder wett.

IN DER UMGEBUNG

Centro Artístico, Literario y Científico

Calle Almona del Campillo, 2 (2. Stock)
958 227 723
Besuch nach Voranmeldung

Links vom Stadttheater befindet sich eine bedeutende Einrichtung: das Zentrum für Kunst, Literatur und Wissenschaft. Es hatte seine Blüte in den 1920er- und 1930er-Jahren und verlor später an Bedeutung. Erst seit Kurzem versucht man, das Gebäude vor dem Vergessen zu retten. Das Zentrum für Kunst, Literatur und Wissenschaft wurde 1885 von Intellektuellen aus Granada gegründet und ging aus dem Liceo Artístico und der *Asociación de Acuarelistas (Vereinigung der Aquarellisten)* hervor, die der Künstler Mariano Fortuny einige Jahre zuvor gegründet hatte. Die Hochphase des Zentrums läutete 1908 eine Künstlergruppe ein, zu der der Komponist Manuel de Falla und der Lyriker und Dramatiker Federico García Lorca gehörten. Neben zahlreichen Aktivitäten und Projekten förderte das Zentrum das erste städtische Festival de Cante Jondo (eine Art Flamenco: wörtlich „tiefer Gesang“), die Cabalgata de los Reyes Magos (Reiterzug der Heiligen Drei Könige) und das Festival für Musik und Tanz.

HAUPTSITZ DER *UNIÓN IBEROAMERICANA DE MUNICIPALISTAS* (UIM) ⑮

Schutzwälle unterhalb der UIM

Plaza Mariana Pineda, 9
958 215 047 – uimunicipalistas.org – uim@uimunicipalistas.org
Besuch auf Anfrage
Eintritt frei

Unter dem Hauptsitz der *Unión Iberoamericana de Municipalistas (Ibero-Amerikanischen Vereinigung der Stadtgemeinden)*, kurz *UIM*, befindet sich ein unterirdischer Bereich, in dem die fast vollständig intakten Überreste der Hauptmauern stehen, die die Stadt Granada einst vor Invasionen schützten.

Beim Abstieg sieht man die Reste einer Bastion, die die römische, arabische und später christliche Stadt dort schützte, wo sich heute das Archiv der Vereinigung befindet. Es ist erstaunlich zu sehen, auf welche Weise die verschiedenen Völker, die diese Region besetzt hielten, die Verteidigungsmauern ihrer Vorgänger nutzten. An den drei beleuchteten Schichtniveaus, die bei den Grabungen entdeckt wurden, ist deutlich zu erkennen, wie sich die Baumaterialien im Lauf der Zeit durch Fortschritte in der Bautechnik verbesserten oder die bereits vorhandene Bausubstanz mit Mörtelschichten aufgearbeitet wurde.

UIM

Die *Ibero-Amerikanische Vereinigung der Stadtgemeinden (UIM)*, die 1991 in Granada gegründet wurde, unterstützt die Beziehungen zwischen spanischen und lateinamerikanischen Städten.
Sie fördert Gemeinschaft und Solidarität in den Kommunen, indem sie sich für Demokratie, Dezentralisierung und eine gleichberechtigte Zusammenarbeit zwischen den Stadtregierungen einsetzt.

IN DER UMGEBUNG

Ein nasridischer Turm: der Bibataubín

Sede del Consejo Consultivo de Andalucía (Hauptsitz des Consejo Consultivo) (Interregionaler Beirat) von Andalusien
Plaza de Bibataubín – 958 029 300

Das eindrucksvolle Bibataubín-Gebäude befindet sich auf demselben Gelände wie das *UIM* (gleich dahinter). Es beherbergt derzeit die Zentrale des Interregionalen Beirats von Andalusien, war aber traditionell der Sitz der Provinzregierung von Granada. Das Gebäude wurde im 17. Jahrhundert als Militärkaserne erbaut und umfasste einen alten, achteckigen Turm aus der Nasridenzeit, der von außen noch sehr gut sichtbar ist. Dieser Turm gehörte einst zu der Mauer, die das hispano-muslimische Granada im Mittelalter schützte. Er steht genau an der Stelle, wo sich einst das Bibataubín-Tor der Stadtmauer befand. Im Erdgeschoss des kürzlich restaurierten Turms hat man die Gelegenheit, die Pracht eines nasridischen Wehrturms von innen zu sehen. Der Legende nach ist dieser Turm durch einen unterirdischen Tunnel mit dem Palast Cuarto Real de Santo Domingo und seiner berühmten Qubba verbunden.

DER SCHMETTERLINGSGARTEN IM WISSENSCHAFTSPARK ⑯

Der größte Schmetterling der Welt

Parque de las Ciencias
Avenida de la Ciencia
958 131 900
Di–Sa 10–18.30 Uhr; So, an Feiertagen und Mo vor einem Feiertag 11–15 Uhr

Der Schmetterlingsgarten des Wissenschaftsparks von Granada ist ein tropisches Paradies und lohnt einen ausgedehnten Besuch. Zur Freude der Besucher flattern überall Schmetterlinge durch die üppige Vegetation, die sich aus ihren Kokons befreit haben, um ein kurzes, flüchtiges Dasein zu genießen.

Der Garten ist nicht nur eine Fundgrube für Insektenforscher, die hier ihren Wissensdurst stillen können: Auch naturbegeisterte Kinder und Kunstschaffende werden von diesem erholsamen Ort verzaubert sein, in dem man umringt von farbenfrohen, filigranen Schmetterlingen wie in freier Wildbahn zwischen den exotischen Pflanzen umherwandern kann. Viele der mehr als 200 Schmetterlinge, die aus Mittelamerika, Südamerika und dem tropischen Afrika stammen, gehören zu den seltensten Schmetterlingsarten der Welt. Das gilt auch für den außergewöhnlichsten unter ihnen, den Atlasspinner (*Attacus Atlas*), dessen ausgebreitete Flügel eine Spannweite von bis zu 20 Zentimetern erreichen. Die Besucher des Gartens können den gesamten Lebenszyklus zahlreicher Schmetterlingsarten beobachten. Die über 20 Arten leben im Garten mit seinen an die 70 verschiedenen tropischen und subtropischen Pflanzenarten in einem besonders günstigen Mikroklima, in dem sie sich heimisch fühlen. Bei Temperaturen von 21 bis 28 Grad Celsius und einer Luftfeuchtigkeit von über 70 Prozent finden die Raupen ideale Bedingungen vor, um zu fressen und ihre Kokons zu spinnen, aus denen sie bald als Schmetterlinge schlüpfen werden, um dann erneut Eier zu legen. Der Lebenszyklus dieser Insekten, deren geheimnisvolle Verwandlung uns mit ihrer Schönheit immer wieder in Erstaunen versetzt, ist faszinierend. Einsteiger und Experten können hier mehr über die Schmetterlinge erfahren, die in perfekter Einheit mit ihrer natürlichen Umgebung leben – einer Symbiose, die so stark ist, dass das Verschwinden einer bestimmten Pflanzenart dazu führen kann, dass eine ganze Schmetterlingsart, die auf diese Pflanze angewiesen ist, ausstirbt.

Besucher erfahren auch, dass man weltweit an die 200.000 Schmetterlingsarten ermittelt hat (allein in Spanien gibt es 4.000 Arten). Sie können in Schaubildern die beeindruckenden Wanderungen einiger Arten bestaunen, wie zum Beispiel die der Monarchfalter (*Danaus plexippus*), die jedes Jahr im Herbst auf der Suche nach gemäßigteren Klimazonen in riesigen Schwärmen gemeinsam vom Norden der USA bis nach Mexiko oder Kalifornien fliegen. Daten, die aus Fossilien gewonnen wurden, haben ergeben, dass diese Schmetterlingsart etwa 140 Millionen Jahre alt ist.

Torre de los Carros
Torre de la Justicia
Torre de Siete Suelos
Paseo del Generalife
Paseo de los Coches
Paseo Carmen de los Mártires
Torre Bermejas
San Gregorio
Santo Domingo
REALEJO
Teatro Isabel La Católica
PLAZA NUEVA
PLAZA SANTA ANA
PLACETA PUERTA DEL SOL
PLAZA ISABEL CATÓLICA
PLAZA DE LAS DESCALZAS
PL. DEL PADRE SUÁREZ
PLAZA DE LOS GIRONES
PLAZA DEL REALEJO
PLAZA CAMPO DEL PRÍNCIPE
PL. SANTO DOMINGO
PLAZA ACADEMIA DEL CARMEN
PL. DE C. CANO
PL. DEL CARMEN
PL. DE LOS CAMPOS
PLAZA MARIANA PINEDA
PLAZA CAMPILLO BAJO
PLAZA BIBATAUBÍN
PLAZA DE CARRETAS
Calle Ángel Ganivet
Calle Acera del Darro
Calle Carrera de la Virgen
Paseo del Salón
Paseo de la Bomba
Río Genil
P. de los Basilios
Cuesta de Gomérez
Callejón Niño del Royo
Cuesta del Realejo
C. Molinos
C. Santiago
C. Cuartelillo
Carril de San Cecilio
C. Antequeruela Baja

Realejo

0
200
400 m
N
Paseo de la Sabica
Avenida Santa María de la Alhambra
Carmen
de los Mártires
Calle Carmen
de los Fosos
Calle Barranco
del Abogado
C. Nuevo del Cementerio
Calle Barranco del Abogado
C. Monte
Sedeño
C. Nuevo del Cementerio
Avenida Santa María de la Alhambra
C. Zahareña
C. Robliza
C. Vistillas
de Los Ángeles
PLACETA
JOE STRUMMER
Paseo de las Palmas
Paseo de las Palmas
C. Escoriaza
Cuesta Molinos
Carretera de la Sierra
11
PLAZA
DEL DUQUE DE
SAN PEDRO GALATINO
Carretera de la Sierra
Calle Trevenque
Calle El Calar
Paseo
Fuente de la Bicha
C.
Puente
Verde
C. de la
Cortijuela
C. El Purche
Calle Paraíso
de los Basilios
Paseo Hermanos Costaleros
Paseo Fuente de la Bicha
Río Genil
Parque
Bola de Oro

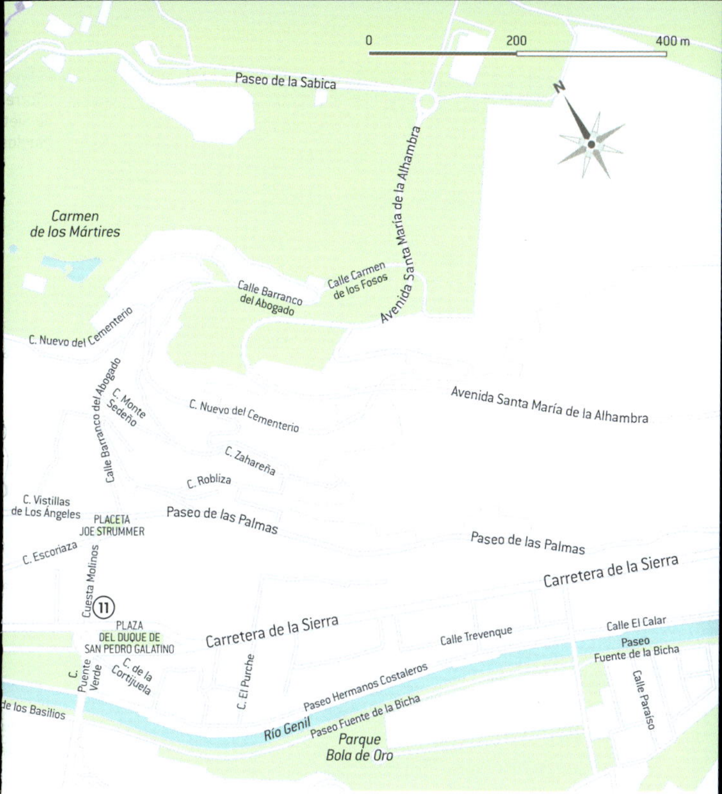

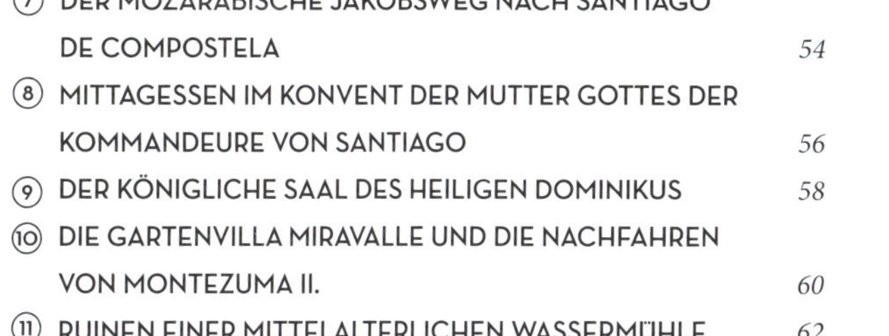

DAS WASCHHAUS PUERTA DEL SOL ①

Wo die Wäsche gewaschen wurde

Placeta del Sol

Auf der Placeta del Sol steht ein kleiner Pavillon mit einem großen Steintrog, der den Frauen des Viertels bis in die Mitte der 1960er-Jahre als öffentliche Wäscherei diente. Als es in den Häusern noch kein fließendes Wasser gab, kamen die Frauen täglich in den Pavillon, um Wäsche zu waschen. Dieser verborgene Ort vermittelt Passanten noch etwas vom einstigen Zauber des Viertels Realejo.

Das bescheidene Waschhaus hat ein eindrucksvolles Dach mit zwei Wasserläufen, die ihm das Aussehen eines kleinen Tempels verleihen. Das Dach wird von dicken Steinsäulen im dorischen Stil getragen, die von den Ruinen einer nahe gelegenen Kapelle in der Sierra Elvira stammen.

Öffentliche Waschhäuser waren in Granada bis Anfang des 20. Jahrhunderts weit verbreitet. Viele davon sind erhalten, und ihre glatt geschliffenen Steine zeugen von einer langjährigen Nutzung.

Das Waschhaus auf der Placeta del Sol ist nur über steile Wege (die zum Mauror hinaufführen) zu erreichen. Bis 1501 befand sich hier die Puerta del Sol bzw. das Bab al-Mauror, das Stadttor, das von der Alhambra in das jüdische Viertel Garnata Al-Yahud (Realejo) führte.

DER ZUSCHAUERRAUM IM *ALHAMBRA PALACE* ②

Die kleine Theaterbühne

Hotel Alhambra Palace
Plaza Arquitecto García de Paredes, 1
958 221 468

Im Hotel *Alhambra Palace* befindet sich ein zauberhaftes Theater, in dem regelmäßig öffentliche Aufführungen und Konzerte stattfinden. Zu besonderen Anlässen werden dort auch literarische Lesungen abgehalten – eine Tradition, die der Lyriker und Dramatiker Federico García Lorca (1898–1936) in den 1920er-Jahren ins Leben gerufen hatte. In diesem Auditorium fanden damals auch klassische Konzerte statt. Der Komponist Manuel de Falla, der seine Werke in der benachbarten Calle Antequeruela niederschrieb, oder der Gitarrist Andrés Segovia veranstalteten hier kleine, intime Konzerte. Auch Solisten und Kammerensembles traten in diesem besonderen Theater auf.

Die arabeske Dekoration der kleinen Bühne passt perfekt zu den Aufführungen des Festival Internacional de Música y Danza (Internationales Festival für Musik und Tanz), das jedes Jahr in Granada stattfindet. Die Besucher können hier nachmittags Tee oder Kaffee genießen und abends wunderbare Konzerte erleben.

DIE ZEITUNGSBIBLIOTHEK IM MUSEUM CASA DE LOS TIROS ③

Ein gigantisches Archiv

Pavaneras, 19
Eingang an der Calle Cementerio de Santa Escolástica, 3
800 143 175
1. Aug. bis 15. Sept.: Mo–Fr 15–20 Uhr; 15. Sept. bis 31. Juli: Mo–Fr 9–14 Uhr und 15–20 Uhr

Die Zeitungsbibliothek der Casa de los Tiros hat in den letzten hundert Jahren eine Sammlung zusammengetragen, die zu einem Referenzarchiv für Studenten der lokalen Geschichte geworden ist. Sie ist die bedeutendste Sammlung in Andalusien und eine der wichtigsten in ganz Spanien – nur noch übertroffen von der Städtischen Zeitungsbibliothek in Madrid.

Der Lesesaal dieser bedeutenden Bibliothek befindet sich im Innenhof eines Patrizierhauses im Stadtviertel Realejo. Hier kann man etliche Stunden in konzentrierter Stille verbringen und Zeitungen aus verschiedenen Epochen – vor allem aus dem 19. und 20. Jahrhundert – lesen.

Das Archiv wird im Keller der Casa de los Tiros aufbewahrt und ist eine wertvolle Quelle für alle, die Themen aus dem zeitgenössischen Granada studieren.

Die Kernsammlung wurde in den 1930er-Jahren auf Initiative des örtlichen Fremdenverkehrsamtes in Zusammenarbeit mit dem Museum Casa de los Tiros begründet und wird regelmäßig aktualisiert und erweitert. Sie stützt sich u. a. auf eine thematische Sammlung von Bibliografien, die in Verbindung mit Granada stehen, sowie auf Veröffentlichungen, die von 1706 bis heute in Annoncen und Zeitungen publiziert wurden. Zu den wichtigsten Schenkungen gehören die Dokumente des Schriftstellers und Journalisten Francisco de Paula Valladar, des Schriftstellers Melchor Fernández Almagro (einschließlich seiner Korrespondenz mit Federico García Lorca), die Schriften von Antonio Gallego Morell (bezüglich Ángel Ganivet und dessen Vater Antonio Gallego Burín) sowie die Unterlagen von Ángeles Guerrero Ganivet, die Fotos und Dokumente über Ángel Ganivet und die Familie Seco enthalten, eine Journalistenfamilie aus Lucena, die der Zeitungsbibliothek das Archiv der Zeitung *El Defensor de Granada* stiftete.

Unter den Zeitungen, die in den letzten zweihundert Jahren über die Geschichte Granadas berichteten, haben vor allem zwei die öffentliche Meinung dominiert: die Zeitung *El Defensor de Granada*, die im 19. Jahrhundert von dem Journalisten Luis Seco de Lucena gegründet wurde, und die Zeitung *Ideal*. Letztere war im 20. Jahrhundert vorherrschend, ist über 75 Jahre alt, und bietet auch heute noch eine umfassende Berichterstattung über das Leben in Granada..

DIE ARABISCHEN BÄDER IN DER SCHULE DER MERCEDARIERINNEN ④

Wiederentdeckte Badeanlagen

Colegio de las Mercedarias – Plaza Padre Suárez, 4
958 221 332
Besuche müssen bei der Verwaltung angemeldet werden
Nur kleine Besuchergruppen gestattet

Als der ehemalige Palast der Markgrafen von Villalegre, in dem sich heute die Schule der Mercedarierschwestern befindet, 1984 renoviert wurde, entdeckte man in den Kellergewölben ein arabisches

Bad. Um das Thermalbad zu schützen, wurde seine Existenz von den Erbauern des Palastes lange Zeit verheimlicht. Als der Raum schließlich geöffnet wurde, kamen Gewölbebögen, Säulen und Bodenfliesen zum Vorschein – man entdeckte sogar die Steine, die früher erhitzt wurden, um Dampf zu erzeugen. Archäologen datieren das Bad in die Zeit der Almohaden (12./13. Jahrhundert).

Der quadratische Raum mit Marmorboden, der durch eine Falltür im Boden zugänglich ist, wurde aus Ziegeln erbaut und ist von Säulen eingefasst, die Eisenbögen tragen. Die Anlage folgt der typischen Architektur eines römischen Bades mit Tepidarium, Caldarium, Frigidarium und Hypokausten. Besucher können heute nur das Tepidarium (den zentralen Bereich) und zwei der Gänge des Bades besichtigen.

Im nahe gelegenen Restaurant Alacena de las Monjas befindet sich der alte Brunnen, der die Bäder einst mit Wasser versorgte. Er stand (ganz nach islamischem Brauch) in der Moschee von Ibn Gimara, die sich heute im selben Gebäude wie die Casa de los Tiros befindet.

Weitere, nicht zugängliche arabische Bäder

In Granada gibt es mehrere Bäder aus der arabischen Herrschaftszeit, die jedoch nicht besichtigt werden können, obwohl die Renovierungsarbeiten inzwischen weit fortgeschritten sind. Dazu gehören zum Beispiel die Bäder von Tumbas (Elvira-Tor) und die Bäder in der Calle del Agua (Albaicín), die von hohem archäologischem und kulturhistorischem Wert sind. Man kann jedoch die Bañuelo-Bäder in der Carrera del Darro, die Bäder der Alhambra und die Polinario-Bäder im Museum in der Calle Real del Alhambra (Stadtviertel Ángel) besuchen.

IN DER UMGEBUNG

Der Eingang zum Palast der Grafen von Castillejo

Calle Ballesteros, 8

Der Eingang zum einstigen Palast der Grafen von Castillejo stammt aus dem frühen 16. Jahrhundert und fällt vor allem durch seine architektonischen Elemente ins Auge. Über dem eigenwillig abgeschrägten Portal prangt ein großes Wappen, das von zwei Drachen flankiert wird. Der Palast war viele Jahre als das Haus von Diego de Siloé (1495–1563) bekannt, auch wenn bis heute nicht geklärt werden konnte, in welcher Verbindung der berühmte Architekt und Bildhauer zu diesem Palast stand.

CORRALA DE SANTIAGO

Ein traditioneller Wohnhof

Calle Santiago, 5
958 220 527
corraladesantiago.ugr.es
Mo–So 10–20 Uhr
Eintritt frei

Der Wohnhof in der Santiago-Straße ist ein alter Wohnblock, der vor dem Abriss gerettet werden konnte. Er wurde 1991 von der Universität Granada restauriert und zum Wohnheim für Gastprofessoren umfunktioniert.

Die Wohnhöfe, von denen es in Granada heute nur noch wenige gibt, wurden bis Mitte des 20. Jahrhunderts (als man in den Außenbezirken der Stadt moderne Wohnblöcke errichtete) von Arbeitern bewohnt. Die Bauten liefern einen Einblick in das Alltagsleben Granadas zur Zeit ihrer Entstehung im 16. und 17. Jahrhundert bis heute, denn einige der Wohnhöfe wurden noch bis vor Kurzem genutzt.

Der zentrale Innenhof war der Mittelpunkt des Lebens in einem Wohnhof – der Ort, an dem man sich traf, Neuigkeiten austauschte, Wasser aus dem Brunnen schöpfte oder Wäsche in den großen Becken wusch, die an einer Wand oder in der Mitte des Hofs standen.

Der Wohnhof in der Santiago-Straße besteht aus einem Erdgeschoss mit kleinen Zimmern und Wohnungen sowie einem Obergeschoss mit etwas geräumigeren Wohnungen. Die Innenarchitektur und die Fassade dieses Haustyps bieten außer einigen Holzpfeilern, Säulen und farbigen Fußleisten kaum Dekor und spiegeln die Einfachheit ihrer Bewohner und den pragmatischen, funktionalen Charakter der Gebäude wider. Die Wohnhöfe wurden ursprünglich als Unterkünfte für Arbeiter und Handwerker der Stadt (Maurer, Schmiede, Schreiner, Hausangestellte usw.) gebaut, besaßen aber auch eine soziale Funktion: Ungeachtet der Streitigkeiten, die in der Anlage ausgefochten wurden, kamen die Nachbarn im Innenhof zusammen um gemeinsam zu feiern – Hochzeiten, Taufen, Erstkommunion oder Beerdigungen.

Die Mietwohnungen basieren auf dem Baustil alter arabischer Gebäude namens *adarves* (Gassen mit einem einzigen Eingang) – vor allem auf dem mozarabischen *curralaz (Hühnerhof)*, der seit dem 14. Jahrhundert existiert.

Einige Wohnhöfe waren ursprünglich Patrizierhäuser, Klöster oder *alhóndigas* (Häuser von Reisenden und Kaufleuten), die später umgebaut wurden, um möglichst vielen Familien ein Zuhause zu bieten.

NISCHE DER VIRGEN DEL ROSARIO

⑥

Die wundersame Jungfrau, Symbol des Sieges in der Schlacht von Lepanto

In der Nähe der Kirche Santo Domingo
Calle Cobertizo Santo Domingo, s/n 18009 Granada
623 06 10 00
patrimonioarchicofradia.blogspot.com
Montag bis Freitag Führungen jeweils um 12 Uhr
Sonntag: Kostenlose Führungen um 17, 18 und 19 Uhr

Verborgen in einer Seitenmauer der Kirche Santo Domingo liegt mit dem Schrein der Virgen del Rosario ein wertvolles, von einem anonymen Mäzen zwischen 1725 und 1773 eingerichtetes Kleinod des regionalen Barocks. Trotz seiner frommen Pracht und beeindruckenden Dimensionen ist dieser Schrein nur wenigen bekannt.

Die Jungfrau vom Rosenkranz wird hier als Symbol des Sieges von Lepanto verehrt und erinnert an das Wunder, wonach die Jungfrau Papst Pius V. beim Beten des Rosenkranzes am 7. Oktober 1571 erschienen sein soll, während spanische, neapolitanische, venezianische und genuesische Truppen unter Führung von Don Juan de Austria (Halbbruder von Philipp II.) siegreich aus der von der Heiligen Liga gegen die Osmanen geführten Seeschlacht im Golf von Lepanto hervorgingen. Die Soldaten der Heiligen Liga hatten sich dem Schutz der Jungfrau unterstellt.

Der kleine Raum, in den der barocke Schrein eingebettet ist, wird optisch durch Spiegel vergrößert. Die von der angrenzenden Kirche aus sichtbare Jungfrau ist von einer himmlischen Hofstatt aus Engeln und Erzengeln umgeben, die sie in den Himmel zu erheben scheinen.

Als Schutzheilige von Granada, gemeinsam mit der Virgen de las Angustias, sowie Schutzheilige des Stadtteils Realejo und der nationalen Marine ist die Virgen del Rosario ganz im klassischen Stil andalusischer Jungfraudarstellungen mit Silber überzogen. Eingerahmt wird sie von einer Nachbildung der Laterne des Leitschiffs der christlichen Flotte.

Auf einer Seite der Nische zeigen raumgreifende Fresken die Schlacht von Lepanto. Als Mitglied der Marineinfanterie konnte sich auch der berühmte Miguel de Cervantes davon überzeugen, wie die einhundert Schiffe des Verbands der christlichen Flotte die dreihundert Schiffe angriffen, die Ali Pascha zunächst zu Verteidigungszwecken, später zur Umzingelung der leichtsinnigen Christen geschickt hatte.

Jedes Jahr am 12. Oktober kommen Marineinfanteristen zur Kirche Santo Domingo und stimmen im Realejo die offizielle Hymne der spanischen Marine an, um in einer besonderen Tradition dieses unausgeglichenen Kampfes zwischen Christen und Muslimen zu gedenken.

DER MOZARABISCHE JAKOBSWEG NACH SANTIAGO DE COMPOSTELA ⑦

Die unbekannte Route des Pilgerwegs

Convento de Comendadoras de Santiago (Konvent der Kommandeure Santiagos)
Plaza Ciudad de los Cármenes, 1 (Centro Cívico Beiro)
Asociación de Amigos del Camino Mozárabe de Santiago (Verein der Freunde des mozarabischen Jakobswegs)
958 071 785 - 655 010 605
info@eliniciomozarabe.es - eliniciomozarabe.es
Geöffnet: Di–Do 18–21 Uhr (an Feiertagen geschlossen)

Einst pilgerten die Christen von *al-Ándalus* (Mozaraber) auf diesem Weg zum Grab des Apostels Jakobus. Auch heute noch wird die 1.200 Kilometer lange Route von Granada nach Santiago de

Compostela von Pilgern genutzt.

Der Weg, der durch den Südosten Spaniens nach Mérida führt, ist der wohl unbekannteste aller Jakobswege. Über diesen Weg gelangt man auch auf die Ruta de la Plata (Silberstraße), die Cádiz und Sevilla mit Santiago de Compostela verbindet.

Jahrhundertelang vergessen, feierte dieser Weg im Frühjahr 1994 ein Comeback, als der Jesuitenpater Hermenegildo del Campa mit einer kleinen Pilgergruppe von Granada aus zum Grab des Apostels aufbrach – eine Reise, die er in seinem 1999 erschienenen Buch *De Granada a Santiago, una ruta jacobea andaluza* schildert.

Vom Convento de las Comendadoras de Santiago (Konvent der Kommandeure Santiagos) im Stadtteil Realejo wanderten die Pilger durch Granada, Maracena und Atarfe und verbachten ihre erste Nacht in Pinos Puente, wo 2012 das *El Plantel* (siehe unten), die erste Pilgerherberge der Provinz Granada, eröffnet wurde.

Die erste Pilgerherberge in der Provinz Granada

Die Pilgerherberge in Pinos Puente entstand 2012 auf dem „Jakobsweg von Granada" und ist das erste Gebäude dieser Art zwischen Granada und Mérida. Die Unterkunft gehört der Gemeindeverwaltung und wird von der *Asociación Granada Jacobea (Jacobusgesellschaft von Granada)* betrieben, die in den letzten zehn Jahren die Ausschilderungen und den Ausbau des Pilgerwegs so weit vorangetrieben hat, dass die Route heute in Finnland, Holland und Italien bekannter ist als in Granada. Vor Ort kann man die Brücke aus dem 9. Jahrhundert besichtigen, nach der Pinos Puente benannt wurde.

MITTAGESSEN IM KONVENT DER MUTTER GOTTES DER KOMMANDEURE VON SANTIAGO

(8)

Gastfreundliche Nonnen

Seco de Lucena
958 225 250
comendadorasdesantiagogranada@gmail.com
Im August geschl.
Reservierung erforderlich für Mittagessen

Das Gästehaus des Convento de las Comendadoras de Santiago (Konvent der Kommandeure von Santiago) ist ein riesiger Komplex, welcher der inneren Einkehr geweiht ist, und in dem etwa zwanzig Nonnen leben. Die Nonnen kommen hauptsächlich aus Indien und führen hier ein halb-klösterliches Leben im Herzen des Stadtviertels Realejo.

Um die Kosten für das Kloster zu decken, haben die Nonnen ein Gästehaus eröffnet. An einigen Tagen im Jahr sammeln sie außerdem Geld, indem sie am Klostereingang ihre berühmten Weihnachtssüßigkeiten verkaufen.

Der große Erfolg der preiswerten Unterkunft im Kloster (das früher ein Frauenwohnheim mit Platz für fünfzig Universitätsstudentinnen war) hat die Nonnen der Kongregation dazu ermutigt, auch Mittagsgerichte anzubieten, die ebenso beliebt sind wie die Weihnachtssüßigkeiten. Die Speisekarte bietet preisgünstige Hausmannskost. Die einfachen, aber sättigenden Speisen werden mit viel Liebe zubereitet und im Speisesaal des Klosters, der Platz für 75 Gäste bietet, serviert.

DER KÖNIGLICHE SAAL DES HEILIGEN DOMINIKUS ⑨

Ein Palast für die Seele

Plaza de los Campos
Mi–So 10–14 und 17–20 Uhr (Mai bis Sept.); Fr–So 10–14 und 16–18 Uhr (Okt. bis April)

An einer Ecke der Plaza de los Campos liegt der Cuarto Real de Santo Domingo. In diesem wunderschönen Palast aus dem 19. Jahrhundert, der rings um ein Gebäude aus der Almohadenzeit errichtet wurde, befindet sich die *Qubba*, ein turmartiger Bau, der auch als „Versammlungsraum" bekannt ist.

Dieser besondere Raum, zwischen dem ruhigen Konvent der Kommandeure Santiagos und den von Kinderstimmen erfüllten japanischen Gärten, diente den Monarchen einst als spiritueller Rückzugsort. Die muslimischen Könige von Granada kamen an diesen Ort, um hier während des Ramadans zu fasten.

Der große, eindrucksvolle zentrale Turm – das Schmuckstück des Gebäudes – gehörte einst zur alten Stadtmauer von Alfarero und besteht aus einem Saal und zwei Nebenräumen. Von der Calle de Aixa aus lässt sich das Gebäude etwas besser einsehen, denn von hier aus kann man gut erkennen, wie es im Laufe der Jahre von den umliegenden Bauwerken absorbiert wurde.

In dem kunstvoll verzierten mozarabischen Gebäude, dessen Inneres mit exquisitem Marmor und ornamentalen Kacheln ausgestattet ist, ertönten acht Jahrhunderte lang die Gebete seiner königlichen Bewohner. Eine alte Brunnenanlage, Holzgitter in den Nebenräumen und das Fenster im Raum rechts sind Überbleibsel, die auf den Glanz der Vergangenheit hinweisen.

Nach dem Niedergang von *al-Ándalus* erwarben König Ferdinand und Königin Isabella den Palastraum für die Mitglieder der königlichen Familie. Später wurde er dem Dominikanerorden überlassen und in den Gebäudekomplex integriert, zu dem auch die Kirche des Heiligen Dominikus und das historische Kloster Santa Cruz Royal (heute eine Sekundarschule) gehören.

Nach dem Rücktritt von Juan Álvarez Mendizábal 1836 ging das Bauwerk in Privatbesitz über. Später wurde es von der Stadtverwaltung erworben, die die *Qubba* und die Gärten restaurieren ließ.

DIE GARTENVILLA MIRAVALLE UND DIE NACHFAHREN VON MONTEZUMA II. ⑩

Das aztekische Erbe des Herrschers von Mexiko

Cuesta del Caidero, 21

In Granada leben heute etwa 350 Nachfahren des Aztekenherrschers Montezuma II. von Mexiko. Diese königliche Linie, die sich mit spanischem Adel vermischt hat, wird auf der Fassade der Gartenvilla Miravalle gewürdigt. In der Nähe des Brunnens im Garten der Villa sind noch die Krone und das Wappen der Miravalle zu sehen, die von diesem alten aztekischen Geschlecht zeugen.

Das in Granada verbliebene Adelsgeschlecht wurde von der ältesten Tochter des Herrschers begründet. Isabel Montezuma war mehrmals mit verschiedenen Spaniern verheiratet, die im Dienst des Konquistadoren Hernán Cortés standen. Sie und ihre Kinder behielten den Status als Nachkommen der königlichen Linie bei und wurden mit zahlreichen Begünstigungen und Adelstiteln ausgezeichnet. Jahrhundertelang wurde die Familie Miravalle für den Verlust ihrer Besitztümer in Amerika mit „Montezuma-Renten" entschädigt (siehe gegenüber), die von Karl V. eingeführt und von den nachfolgenden spanischen Königen und mexikanischen Präsidenten bis ins 20. Jahrhundert fortgezahlt wurden. Auch die unlängst verstorbene Gräfin von Granada bekannte sich öffentlich zu ihrem aztekischen Erbe, das ihr jedoch keine Privilegien brachte, sondern lediglich ab und an Besuche von entfernten mexikanischen Verwandten bescherte, die ihr Respekt zollen wollten.

Die „österreichische" Krone von Montezuma

Der Kopfschmuck aus Quetzalfedern, den einst Montezuma II. als Hoheitszeichen trug, wird heute im Weltmuseum Wien aufbewahrt. Hernán Cortés schickte den farbenprächtigen Kopfschmuck zusammen mit 158 anderen Gegenständen an König Karl I. von Spanien, als er aus Mexiko zurückkehrte. Später gelangte der kostbare Schmuck in den Besitz von Erzherzog Ferdinand von Habsburg (den Neffen Karls I.), der ihn in seiner Sammlung auf Schloss Ambras in Tirol aufbewahrte. Im Zweiten Weltkrieg wurde der Kopfschmuck dann mit anderen präkolumbianischen Objekten dem Weltmuseum gestiftet.

Die Montezuma-Rente

Alle Nachkommen von Montezuma II. haben das hypothetische Recht auf einen Anteil an den Montezuma-Renten, die im 16. Jahrhundert eingeführt wurden, um die Nachkommen von Isabel Montezuma Tecuichpoch Ixcaxochitzin finanziell zu unterstützen. Die Höhe der Rente wurde bestimmt, indem man den Grundstückswert von Gebieten der antiken Stadt Mexiko und den Wert des heute als „Gräfinnenviertel" bekannten Stadtbezirks gegeneinander abwägte. Das dynastische Salär wurde auf 5.258.090 Goldpesos pro Jahr festgesetzt, was 1.480 Gramm reinem Gold (270.622,73 spanischen Unzen) entspricht. Heute entspräche dieser Betrag umgerechnet ungefähr einer Summe von 102.209 Euro pro Jahr. Alljährlich zahlten die spanischen Monarchen diesen Betrag aus, der von der mexikanischen Regierung finanziert wurde, bis Präsident Lázaro Cárdenas 1934 beschloss, diesem kolonialen Recht ein Ende zu setzen.

Das aztekische Erbe der Miravalle

María del Carmen Enríquez de Luna y del Mazo war die 12. Gräfin von Miravalle – ein Titel, der 1690 für ihren Vorfahren Alonso Dávalos Bracamonte geschaffen wurde. Die vor Kurzem verstorbene Gräfin lebte im Zentrum von Granada. Sie war das Oberhaupt der 15. Generation der Nachkommen von Isabel Tecuichpoch, der Tochter von Montezuma II. und die Nachfahrin von Cuitláhuac und Cuauhtémoc, den letzten Aztekenherrschern.

In Granada lebten zwei Linien der Nachkommen von Montezuma II.: Die Miravalle wohnten im Palast Cuesta del Caidero, an dessen Fassade noch heute ihr Wappen prangt. Die zweite aztekische Linie – die Nachkommen von Don Pedro Tesifón von Montezuma, dem Urenkel der männlichen Linie des 1639 verstorbenen Aztekenherrschers –, lebte in La Peza, einem Dorf unweit von Granada.

Pedro Tesifón wurde 1622 zum Vicomte von Llucán, Lord von Tula, und zum Grafen von Montezuma ernannt, und am 15. Dezember 1765 verlieh man dem siebten Grafen, Jerónimo de Oca Montezuma, den Titel eines Granden von Spanien. Im Jahr 1865 wurde dieser Titel für Antonio Marcilla de Teruel Montezuma y Navarro (den 13. Grafen von Montezuma und Marquis von Tenebrón) aufgewertet, der zum Herzog von Montezuma de Tultengo erhoben wurde. 1864 erhielt Alonso Holgado y Montezuma (Maestrante von Ronda) den neu geschaffenen Titel Marquis von Montezuma.

RUINEN EINER MITTELALTERLICHEN WASSERMÜHLE

11

Wo Ángel Ganivet und der Marquis de Rivas lebten

Wohnhaus des Schriftstellers Ángel Ganivet und des Marquis de Rivas
Centro de Investigaciones Etnológicas (Zentrum für Ethnologische Forschung)
Cuesta de los Molinos
958 220 157
Tägl. von 8–14 Uhr
Besichtigungen werden von der Landesregierung Granada organisiert

Die Straße Cuesta de los Molinos, die in senkrechter Richtung zum Paseo del Salón verläuft, ist nach den Mühlen benannt, die früher einmal mit Wasser aus dem Bewässerungskanal Gorda del Genil betrieben

wurden. Von den Getreidemühlen aus dem Mittelalter sind heute nur noch zwei erhalten: die Mühle von Ángel Ganivet und die Mühle von Marquis de Rivas. Beide wurden mittlerweile umfassend restauriert.

Der Schriftsteller Ángel Ganivet lebte von 1875 bis zu seinem Umzug nach Madrid Ende der 1880er-Jahre in der berühmteren der beiden Mühlen. In einer Etage des Mühlengebäudes ist heute das Zentrum für Ethnologische Forschung untergebracht.

Wer sich in den Räumen des Zentrums aufhält, kann hören, wie das Wasser aus dem unterirdischen Reservoir in die fünf Halbtonnengewölbe fließt, unter denen sich die Wasserräder der alten Mühle befanden.

Nicht weit entfernt steht die Mühle des Marquis von Rivas. Als eine der wenigen mittelalterlichen Wassermühlen, die in den 1970er-Jahren noch in Betrieb waren, hat sie heute als Industriedenkmal einen hohen Wert für Archäologen. Die technischen und architektonischen Elemente der Getreidemühle sind zum Teil ausgesprochen gut erhalten und sind Zeugnis des damals wie heute bedeutenden Mühlenwesens.

Ángel Ganivet, der tragische Schriftsteller

Ángel Ganivet García (1865–1898) war einer der bedeutendsten spanischen Schriftsteller des 19. Jahrhunderts und gilt als Vorläufer der literarischen Bewegung der „Generation von 98". Ángel Ganivet kam als Sohn eines Müllers zur Welt. Als er neun Jahre alt war, starb sein Vater und Ángel arbeitete bis zu seinem 14. Lebensjahr als Müller. Später studierte er Jura, Philosophie und Geisteswissenschaften und promovierte in Madrid mit einer Doktorarbeit über Sanskrit. Danach fand er seine erste Anstellung als Bibliothekar und beteiligte sich aktiv am literarischen Leben der Hauptstadt, wo er Freundschaften mit Intellektuellen wie Miguel de Unamuno schloss. 1892 trat er in den diplomatischen Dienst ein und verbrachte vier Jahre als Vizekonsul im belgischen Antwerpen. Seine nächste Station war Helsingfors in Finnland, und nach zwei Jahren intensiven Schreibens zog es ihn 1897 nach Riga in Lettland. Hier geriet Ángel Ganivet in eine schwere seelische Krise, die dazu führte, dass er Selbstmord beging und sich in der Dvina ertränkte. Zu seinen wichtigsten Werken gehören *Granada die Schöne* (1896), *Finnische Briefe* (1896), die Essaysammlungen *Zeitgenössische Spanische Philosophie* (1889) und *Spanische Ideen* (1898) sowie das Theaterstück *Der Bildhauer und seine Seele* (1898).

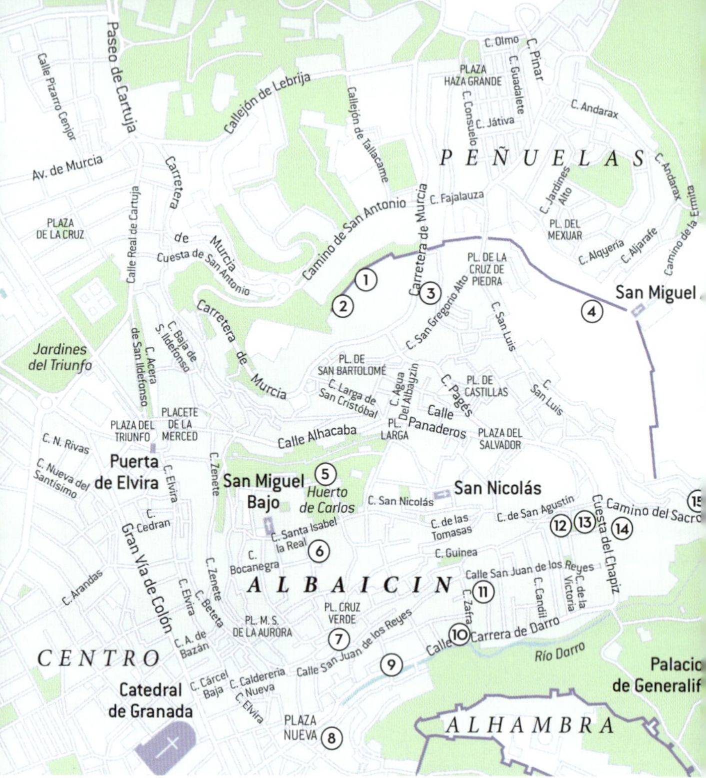

Der Albaicín und Sacromonte

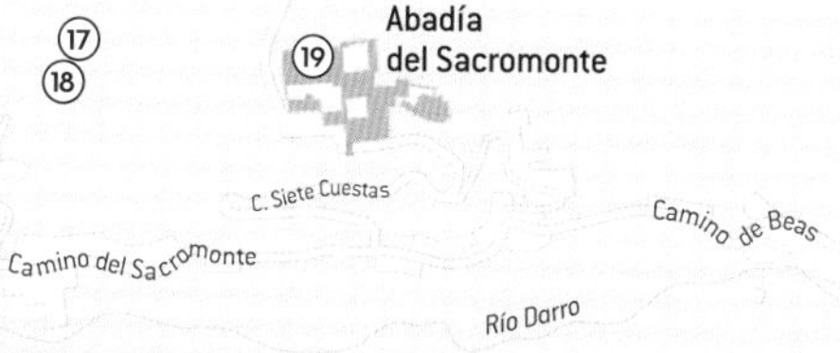
0
200
400 m
N
SACROMONTE
Abadía del Sacromonte
17
18
19
C. Siete Cuestas
Camino de Beas
Camino del Sacromonte
Río Darro

MOZARABISCHE GRAFFITI IM ALBAICÍN

①

Botschaften aus der Vergangenheit

Mauern im Stadtbezirk Albaicín
San Martín, 16

Im Don Gonzalo genannten Stadtbereich und an der Puerta de San Lorenzo befinden sich geheimnisvolle Zeichen wie Kreuze, Schlüssel, Pferde, Hirsche und menschenähnliche Figuren auf den nasridischen Mauern, die den Albaicín umschließen. Außerdem sieht man hier in das Mauerwerk geritzte und gemalte Symbole wie den Stern Salomos oder die Hand der Fatima, Inschriften in lateinischer und arabischer Sprache sowie Umrisse von Burgen. Diese Chiffren an der Wand stammen

aus der Zeit der muslimischen Herrschaft. Mozarabische Christen, die als Arbeiter die Stadtmauern errichten mussten, brachten durch diese Zeichen ihre Rebellion gegen die Machthaber zum Ausdruck. Es überrascht nicht, dass einige der Inschriften auf Spanisch verfasst sind – als Zeichen des Aufbegehrens gegen die arabische Sprache der Sklavenhalter.

Die Praxis der mozarabischen Graffitis geht auf die Zeit der Nasriden vom 13. bis 15. Jahrhundert zurück. Die Mozaraber wurden als christliche Gemeinschaft von den muslimischen Führern zwar toleriert, lebten aber oft unter sehr schwierigen Bedingungen und mussten niedrige Arbeiten verrichten, um dem Sklaventum zu entrinnen und sich die Freiheit erkaufen zu können.

Die Mozaraber, die in Granada lebten, stammten von Sklaven militärischer Befehlshaber ab, die ihre Leibeigenen auf den Sklavenmärkten der Stadt öffentlich verkauften.

Im Gegensatz zu anderen Kulturen (vor allem der christlichen) hielten die muslimischen Herrscher an einer politischen Machtausübung in arabischer Sprache fest. Um für die Regierung arbeiten zu können, musste man die arabische Sprache also sehr gut beherrschen. Solange die unterworfenen Völker ihre Steuern zahlten, durften sie ihre Traditionen, Bräuche und Gesellschaftsstrukturen jedoch beibehalten.

Die zweite Verteidigungsmauer der Stadt erweiterte die Zirí-Mauer, welche die ursprüngliche Stadt im Kern des Albaicín umgab. Das schnelle Wachstum Granadas, das auf die Einwanderung von Bewohnern aus anderen Regionen zurückzuführen ist, führte dazu, dass die Stadt bald eine für die damalige Zeit beeindruckende Einwohnerzahl von 50.000 erreichte. Im Mittelalter wollte man die Stadt vergrößern und baute eine weitere Mauer, die bis zur Ermita de San Miguel Alto reichte. Es ist nicht überraschend, dass die Statthalter für den Bau und die Instandhaltung dieser Mauer alle verfügbaren Arbeitskräfte einsetzten.

In der Nähe der Puerta de San Lorenzo, im Tor von Fajalauza, in der Nähe der Ermita de San Miguel Alto und im Thronsaal der Alhambra findet man weitere Wandzeichen. Auch in Córdoba entdeckte man bei Ausgrabungen in der Medina Azahara ähnliche Graffiti.

DIE PUERTA DE SAN LORENZO ②

Ein ungewöhnliches Tor in der Stadtmauer

Cuesta de San Antonio (Sankt-Antonius-Hügel; hinter der Kirche San Cristóbal)

Auf dem Sankt-Antonius-Hügel, hinter der Sankt-Christophorus-Kirche, befindet sich in der Außenmauer der Alhambra ein kleiner Torbau, der jahrelang in Vergessenheit geraten war und erst 1983 wiederentdeckt wurde. Das Sankt-Lorenz-Tor, das zu einem nach Norden und Westen ausgerichteten rechteckigen Turm gehört, ist ein authentischen Beispiel für ein arabisches Mauertor und unterscheidet sich von anderen Exemplaren dieser Art. Es gehört zu den interessantesten Kulturgütern der Stadt Granada.

Wahrscheinlich wurde der Torbau Ende des 14. oder Anfang des 15. Jahrhunderts unter Emir Yusuf I. erbaut und entstand später als die Zirí-Mauer. Man geht man davon aus, dass die Mauer an dieser Stelle eröffnet wurde, weil es zwischen den Toren von Fajalauza und Elvira entlang der fast 1,5 Kilometer langen Verteidigungsmauern keinen weiteren Zugang zum Albaicín gab.

Das Tor ist nicht ganz einfach zu finden, denn hinter der Sankt-Christophorus-Kirche muss man erst bis zur Keramikfabrik von Fajalauza hinaufsteigen und dann die Straße links Richtung Sankt-Antonius-Hügel einschlagen. Das Tor liegt an der Rückseite der Sankt-Christophorus-Kirche in einer Gegend, die unter dem Namen Don Gonzalo bekannt ist.

DAS GRAS-Y-GRANOLLERS-MUSEUM ③

Erinnerungen an einen gelehrten Priester

Instituto de Enseñanza Secundaria Hijas de Cristo Rey
Callejón de la Alberzana, 1
958 291 806 – cescristorey.com – cescristorey@cescnstorey.com
Besuch nach Vereinbarung mit Schwester Carmen María Domínguez
Eintritt frei

Der Pädagoge, Publizist und Schriftsteller José Gras y Granollers (1834–1918) begründete den Orden der Hijas de Cristo Rey (Töchter des Christkönigs). Anlässlich seines 75. Todestages wurde 1993

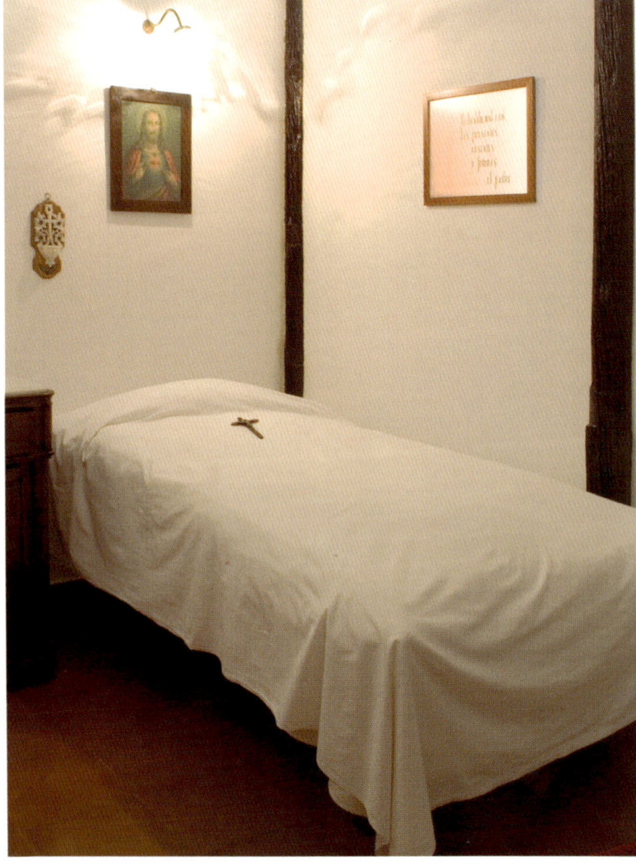

in seinem Wohnhaus im Albaicín, wo er bis zu seinem Tode lebte, ein kleines Museum eröffnet. Dort sind unter anderem der Schreibtisch, der Lehnstuhl sowie persönliche Gegenstände von Pater José ausgestellt. Die Nonnen des benachbarten Kollegs bieten Führungen durch das Museum an und erzählen von den wichtigsten Stationen im Leben dieses gläubigen und gebildeten Mannes.

In den beiden Sälen des Museums kann man sich ein Bild von der Atmosphäre machen, in der Gras y Granollers arbeitete und studierte. 1994 wurde er vom Papst in Anerkennung seiner christlichen Tugenden für besonders ehrwürdig erklärt.

Nach seiner Priesterweihe in Barcelona und verschiedenen kirchlichen Ämtern – er war Professor für Theologie in Tarragona, Hilfsrektor in Barcelona und Lehrer in Madrid und Ecija (Provinz Sevilla) – war er Kanoniker der Abtei von Sacromonte. Er unterrichtete Kirchengeschichte im Oberseminar der Abtei und wurde zum Abt erhoben. Anschließend gründete er die Gesellschaft *Academia y Corte de Cristo (Akademie und Gericht Christi)* und die Zeitschrift *El bien*, die er über 50 Jahre lang herausgab. Das Museum beherbergt zahlreiche seiner Publikationen, darunter *La España Católica* aus Barcelona und *Regeneration* aus Madrid sowie *El Paladín de Cristo (Soldat Christi)* von 1865, *La Europa y su progreso frente a la Iglesia y sus dogmas* (*Europa und der Fortschritt versus Kirche und Dogmen*) von 1863, *La Iglesia y la Revolución* (*Kirche und Revolution*) von 1869, *La Corte del Rey del Cielo* (*Der Hof des Himmelskönigs*) von 1870, *El Salvador de los pueblos* (*Der Erretter der Völker*) von 1872 und *Las Hijas de Cristo, apostolado social de la mujer* (*Die Töchter Christi, Sozialapostolat für Frauen*) von 1885.

Das stille, kaum bekannte Museum bewahrt die Erinnerung an den Katalanen, der Granada zu seiner Heimat machte, und dokumentiert das Engagement von José Gras y Granollers als Priester, Theologe, katholischer Schriftsteller und Publizist.

DER ABSCHNITT, DER DIE LÜCKE IN DER ZIRÍ-MAUER SCHLIEẞT ④

Ein Stück Moderne in der mittelalterlichen Stadtmauer

Cerro de San Miguel Alto

Um den modernen Mauerabschnitt zu finden, den der Architekt Antonio Jiménez Torrecillas (1962–2015) für den Camino del Polvorín entworfen hat, der zur Ermita de San Miguel Alto führt, folgt man dem Weg, der direkt an der Stadtmauer entlangführt. Das eingefügte Mauerstück, das eine etwa 40 Meter breite Lücke in der alten Zirí-Mauer von Granada schließt, wurde als „moderner Schrott" und „protzige Zurschaustellung zeitgenössischer Architektur" beschimpft. Das Bauwerk befindet sich auf dem Albaicín, in einer der urspünglichsten Gegenden des Viertels – und lässt niemanden kalt: Sowohl Einheimische als auch Touristen kommen hierher, um das Fragment zu besichtigen, das von den Einheimischen genutzt wird, um die Mauer zu durchqueren.

Seit im Jahr 2005 die Restaurierungsarbeiten an der Zirí-Mauer begonnen hatten, wurde heftig über das neue Mauerstück diskutiert. Kritisiert wurde vor allem die Anordnung der Ziegelsteine, die versetzt positioniert sind, damit Licht durch die Mauer fällt. Bemängelt wurde zudem, dass der Durchgang in der Mauer zu schmal sei. Das moderne Architekturdesign, das die Einwohner Granadas verschmähten, wurde von Kritikern jedoch hoch gelobt. Antonio Jiménez Torrecillas war der Schöpfer dieses modernen Bauwerks, das versucht, eine Lücke in der alten arabischen Mauer zu schließen, die im 19. Jahrhundert durch ein Erdbeben entstanden war. Selbst die Tatsache, dass die Mauer mit Preisen ausgezeichnet und in den wichtigsten Büchern über moderne Architektur Erwähnung findet, konnte die Stadtverwaltung von Granada nicht davon abhalten, das Werk Torrecillas kurz vor seiner Fertigstellung zu blockieren: Die Verwaltung bestand auf dem Abriss und den Wiederaufbau der Mauer in einem zweckmäßigeren Stil – was den Architekten dazu zwang, einen einfachen Durchgang in eine der Seitenwände einzubauen, wie es die Anwohner gefordert hatten.

DIE KÖNIGLICHE ZISTERNE UND DIE GARTENVILLA ⑤

Die hohe Kunst der Wasserversorgung

Carmen del Aljibe del Rey y Centro de Interpretación del agua
Placeta Cristo de las Azucenas – 958 200 030 – fundacionaguagranada.es
Mo–Fr: Führungen um 12 Uhr (Gruppen müssen telefonisch angemeldet werden)
Eintritt frei

Die größte Zisterne des Albaicín und ein Kleinod des arabischen Architekturerbes von Granada ist die königliche Zisterne (Aljibe del Rey). Der Trinkwasserspeicher befindet sich unter der gleichnamigen, wunderschönen Gartenvilla. Das Wasserversorgungssystem im Stadtteil Albaicín gilt als Paradebeispiel für die Leistungen arabischer Ingenieurskunst in Sachen Wasserversorgung. Besonders beeindruckend ist dabei die königliche Zisterne. In der unterirdischen Halle mit ihren Arkaden, Säulen und kleinen Oberlichtern kann man die raffinierten Hydrauliksysteme der Araber aus der Zeit des 11. und 12. Jahrhunderts bewundern, die Granada zu Recht als eine paradiesische Stadt betrachteten. Die Zisterne hat ein Fassungsvermögen von über 300 Kubikmetern Wasser. Sie ist in vier große Segmente unterteilt, die jeweils von einer der fünf Zuleitungen gespeist wurden, die Wasser von der Quelle in Fuente Grande (in der nahen Sierra de Huétor, wo der Wasserkanal Aynadamar beginnt) bis in die Medina Garnata (der arabische Name Granadas) transportierten.

Ein- und Abflussrohre in den Becken ließen das Wasser durch diese kühle, riesige Zisterne strömen, die für Gesundheit und Hygiene sorgte und den unteren Teil des Albaicín mit Wasser belieferte. Die über der Zisterne errichtete Villa wurde seit dem 16. Jahrhundert mehrfach umgestaltet und zeigt interessante Überreste der nasridischen Architektur. Heute befindet sich dort das Besucherzentrum Agua de Granada (Wasser in Granada), das von der Stiftung *AguaGranada* eröffnet wurde.

Das Wassersystem des Albaicín-Viertels

Im Besucherzentrum sollte man unbedingt das große Stadtmodell besichtigen. Es zeigt anschaulich, wie die Einwohner Granadas schon im Mittelalter mit Wasser versorgt wurden. Lämpchen demonstrieren die Routen des fließenden Wassers durch verschiedene Kanäle in die Stadtviertel und in die Häuser, Badeanlagen und öffentlichen Brunnen auf den Plätzen. Schon auf den ersten Blick wird klar, welch ausgeklügeltes System hier für die Speicherung und Verteilung von Trinkwasser existierte, während die Menschen im restlichen Europa noch lange Zeit das Wasser für den täglichen Bedarf mühsam in Eimern schleppen mussten.

DER PALAST DES MARQUIS DEL CENETE

⑥

Das Refugium des letzten Königs von Granada

Palacio del Marqués del Cenete – Tiña, 28
958 278 036 oder 657 406 720 bzw. 696 849 063
granadaconventual.com
Gruppenbesichtigungen werden von Granada Conventual organisiert
Gruppen über zehn Personen müssen im Voraus angemeldet werden
Die Preise für die einzelnen Führungen variieren

Dieser Ort ist der einzige in Granada, an dem die Erinnerung an Boabdil (siehe gegenüber) noch präsent ist. In dem kaum bekannten Palast des Marquis del Cenete, der heute eine Schule ist, wurde Boabdil im Jahr 1487 zum König von Granada gekrönt.

In den letzten Tagen von *al-Ándalus* glich das Königreich Granada einem Bienenstaat. Während der Bürgerkriege, in denen Boabdil gegen seinen Onkel, den Prinzen von Almería, antrat, suchte er in diesem Palast Zuflucht und die Nähe seiner Mutter, die unweit im Anwesen Dar Al-

Horra lebte. Im zentralen Innenhof des heutigen Palacio del Marqués del Cenete, der mit einem Wasserbecken und einer Säule im nasridischen Stil geschmückt ist, wird die ursprüngliche Architektur sichtbar. Von diesem Hof gingen einst verschiedene Räume ab. Im 17. Jahrhundert wurde der Palast umfassend erneuert. Dabei ging die ursprüngliche Bausubstanz des Palastes zum großen Teil verloren. Rings um den Innenhof legte man überdachte Säulengänge von mehr oder weniger ästhetischem Wert an.

Nach der Reconquista fiel der schlichte, aber reizvolle Palast in die Hände von Rodrigo de Mendoza, dem Marquis del Cenete. Später wurde das Bauwerk an einen der wichtigsten Adligen der Stadt – José de la Calle y Heredia, einen Hauptmann von Philipp IV. – weitergegeben, der ihn in ein Armenhospital umwandelte, das der Jungfrau von Pilar (der Heiligen Jungfrau der Säule) geweiht war. Das Krankenhaus wurde von Nonnen geführt, später als Waisenhaus für Mädchen genutzt, und 1980 zu einer Hochschule und einem Konzerthaus umgewandelt.

Boabdil, der unglückliche König

Abū Abd Allāh Muhammad (um 1459 in Granada – 1533 in Fès), bekannt als König Muhammad XII. der Nasriden-Dynastie, wurde von den Christen, um ihn von seinen Vorgängern zu unterscheiden, und weil sein Name schwer auszusprechen war, nur Boabdil genannt. Bekannt war er auch unter dem Namen Al-Zughaibi, „der Unglückliche“. Seine Herrschaft markierte den Niedergang des Königreichs von Granada. Interne Machtkämpfe sowie der Druck, den die christlichen Königreiche auf ihn ausübten, brachten ihn schließlich zu Fall. Sein öffentliches Wirken begann 1482 mit einer Revolte gegen seinen Vater in Guadix, unterstützt von Abencerrajes und seiner Mutter, die ihn schließlich auf den Thron brachte. Boabdil befand sich in ständigen Auseinandersetzung mit seinem Onkel, seinem Vater und den christlichen Truppen. In der Schlacht von Lucena 1483 wurde er von König Ferdinand und Königin Isabella gefangen genommen. Um seine Freiheit wiederzuerlangen, musste er seinen Feinden die Ländereien von Almería überlassen, die von seinem Onkel Zagal beherrscht wurden. Damit ermöglichte er den christlichen Truppen den Vormarsch in sein Land, was letztlich zum Sturz seines Königreichs führte. Granada wurde eingekesselt und belagert. Muhammad handelte mit König Ferdinand und Königin Isabella einige vorteilhafte Bedingungen aus, um sicherzustellen, dass die Kultur seines Volkes zukünftig in Ehren gehalten würde. Danach ging er ins Exil nach Laujar de Andarax und später nach Fès in Marokko, wo er 1533 starb.

DIE GARTENVILLA DER ZYPRESSEN

(7)

Im kühlen Schatten dunkler Zypressen

Cuesta di San Gregorio, 5 – 958 226 089
Gruppenbesichtigungen auf Anfrage

Dies ist die wohl prächtigste Gartenvilla Granadas. Sie hat sich im Laufe der Jahrhunderte das ursprüngliche Flair eines typischen Palastbaus des Albaicín bewahrt.

Die Villa war einst der Wohnsitz des spanischen Diplomaten Fernández-Fábregas und blieb auch in Privatbesitz, als dieser Botschafter in Polen wurde. Die riesigen Gartenanlagen und der atemberaubende Ausblick auf die Alhambra machen dieses Anwesen zu einem der schönsten Aussichtspunkte im Albaicín, ja in ganz Granada – von hier aus kann man wunderbar die Stadt überblicken.

Der Name „Gartenvilla" könnte für diese herrliche Anlage nicht treffender sein. Vom Garten, der von einem Wasserbecken dominiert wird, schweift der Blick über die Alhambra. Gartenwege führen auf verschiedenen Ebenen zum Anwesen, flankiert von Granatapfel-, Zitronen- und Kakibäumen, und an den Mauern der Villa ranken Efeu und süß duftender Jasmin empor.

Da der kleine Palast bewohnt ist und von den Haushälterinnen und zwei Gärtnern liebevoll gepflegt wird, scheint es fast so, als warte das Haus auf die Rückkehr seiner Bewohner. Auf den Bücherregalen stehen Familienfotos, und auf der verglasten Veranda laden Liegestühle zum Entspannen an heißen Tagen ein. Die Betten sind altmodisch und haben weiche Auflagen, der hängende Balkon im Innenhof wird von verzierten Säulen gestützt.

Trotz der spektakulären Aussicht ist die Villa ein eher besinnlicher Ort. Hier befindet sich auch das Zimmer, in dem García Lorca sich an langen Nachmittagen zu Gesprächen im Rahmen des Rinconcillo traf – zusammen mit Melchor Almagro und anderen Schriftstellern und Intellektuellen, bevor er in die moderne Stadt Madrid zog.

Die vielen Salons und Empfangsräume, Schlafzimmer und Umkleideräume sind in sanften Pastelltönen gehalten. Nichts wirkt fehl am Platz. Die Möbel stehen so in den Räumen, als hätte man ihnen die Freiheit gegeben, sich selbst einen harmonischen Platz zu suchen.

SCHACHTURNIER IN DEN ARABISCHEN BÄDERN

8

Schwimmende Schachbretter

Calle Santa Ana, 16
958 229 978 oder 902 333 334
ajadrezenelagua.com
Schachturnier im November
Anmeldung: granada@ajadrezenelagua.com
Reservierung für einen Besuch der Bäder: granada@hammanalandalus.com

Im November bietet das Hamam in der Calle Santa Ana (direkt unter dem Wachtturm Torre de la Vela) die einzigartige Gelegenheit, an einem Schachturnier im warmen Wasser teilzunehmen. So ungewöhnlich ist das allerdings nicht, denn das Schachspielen ist auch in den beliebten Thermalbädern von Budapest üblich. Die Teilnehmer des Schachturniers im arabischen Bad in der Calle Santa Ana sitzen – umhüllt von wohliger Wärme und Dampf – bis zum Bauch im Wasser. An dem Turnier kämpfen vierzig Spielerinnen und Spieler um den Einzug ins Finale. Die einzelnen Partien dürfen nicht länger als 15 Minuten dauern und werden streng nach den Regeln des *Weltschachverbandes (FIDE)* ausgetragen. Wer siegt, erhält einen Pokal – zusätzlich kommen alle Teilnehmer in den Genuss einer kostenlosen Massage.

Die arabischen Bäder von Granada wurden in den 1990er-Jahren eröffnet und waren die erste Einrichtung dieser Art. Inzwischen gibt es ähnliche Badeeinrichtungen in Córdoba, Madrid und Málaga.

IN DER UMGEBUNG

El Bañuelo – das älteste arabische Bad der Stadt

Carrera del Darro, 31
958 229 738
Mo–So 10–14.30 und 17–21 Uhr

Wie so ein arabisches Bad ursprünglich aussah, zeigen die sehr gut erhaltenen Anlagen aus dem 11. Jahrhundert im unteren Teil des Bezirks Albaicín de los Axares. Die arabischen Bäder, die unter dem Namen El Bañuelo oder Hernando de Zafra bekannt sind, liegen nur wenige Meter vom Hamam in der Calle Santa Ana entfernt, auf der anderen Seite des Flusses Darro hinter einem Privathaus.

DER *COBERTIZO* IM HOTEL *CARMEN DEL COBERTIZO* ⑨

Der älteste cobertizo *im Osten Andalusiens*

Bajo Albaicín
Cobertizo de Santa Inés, 8
958 227 552
carmendelcobertizo.es
Tägl. von 8–22 Uhr

Ein *cobertizo* lässt sich als Verbindung zwischen zwei durch eine Straße getrennten Gebäuden definieren. Diese architektonische Kuriosität hat das Boutique-Hotel *Carmen del Cobertizo* im unteren Teil des Albaicín zu seinem Markenzeichen gemacht. Der *cobertizo* des kleinen Hotels stammt aus dem 14. Jahrhundert und ist ein perfektes Beispiel für diese besondere Architekturform der arabisch-andalusischen Architektur. Und nicht nur das: Es handelt sich hier sogar um den ältesten *cobertizo* in ganz Ostandalusien. Das Hotel, das nur fünf Gästezimmer anbietet und versteckt in einer Sackgasse liegt, wurde nach einem der wenigen *cobertizos* aus der arabischen Zeit benannt, die in Granada heute noch erhalten sind. Nachdem König Ferdinand und Königin Isabella den Bau von *cobertizos* verboten hatten, verschwand diese Bauform fast völlig.

Die Stille im Hotel *Carmen del Cobertizo* wird nur durch das Geräusch von fließendem Wasser unterbrochen. Er bildet den Mittelpunkt des kleinen Palastes, der über den Ruinen eines arabischen Bauwerks aus dem 11. Jahrhundert erbaut wurde. Die ältesten Bauelemente (z. B. die Zisterne) wurden renoviert und können als archäologische Zeugnisse von den Gästen besichtigt werden.

Die fünf cobertizos*, die in Granada erhalten sind*

Auf den Straßen Granadas gab es früher Hunderte von *cobertizos.* Heute sind nur noch fünf Exemplare erhalten. Neben dem *cobertizo* im Hotel *Carmen del Cobertizo* gibt es zwei weitere im unteren Bereich des Albaicín: einen an der Calle San Juan de los Reyes (an der Stelle, wo die Straße den Chapiz-Hügel kreuzt) und einen an der Kreuzung Calle Gloria/Carrera del Darro. Weitere *cobertizos* findet man in Realejo in der Pasaje de Santo Domingo und in der Alcaicería, dem alten arabischen Markt an der Plaza de Bibrambla.

DAS VERMAUERTE FENSTER DER VILLA VON CASTRIL

10

Die Geschichte von der eingesperrten Tochter

Carrera del Darro, 41–43
Von außen sichtbar

Über dem zugemauerten Balkon der Casa de Castril, der sich seltsamerweise genau an der Gebäudeecke befindet, erinnert die Inschrift „Ich warte auf sie im Himmel“ an die düstere Legende um die Tochter von Don Hernando de Zafra, des dritten Marquis von Castril. Der Marquis soll seine Tochter eingesperrt haben, um ihre Heirat zu verhindern.

Die meisten Versionen dieser traurigen Begebenheit, die an die berühmte Liebesgeschichte von Romeo und Julia erinnert, berichten, dass der Gutsherr seine Tochter Elvira in einer kompromittierenden Lage mit Alphonse de Quintanilla (dem Mitglied einer Familie, die mit den Zafras verfeindet war) vorfand. Die Liebenden hatten ihre heimliche Beziehung mit Hilfe des Familienkaplans Pater Antonio geführt.

Aus Rache für dieses Vergehen befahl Don Hernando, den Eindringling am Balkon des besagten Zimmers zu erhängen. Als Elvira ihren Vater um Gnade anflehte und inständig um himmlische Gerechtigkeit bat, spuckte der Marquis von Castril wütend aus und entgegnete: „Er wird gehängt und er kann im Himmel auf sie warten.“

Als er die grausame Strafe vollstreckt hatte, war er noch immer voller Rachegelüste und sperrte seine Tochter in ihrem Zimmer ein, indem er die Türen und Fenster zumauerte. Dann ließ er die grausamen Worte „Ich warte auf sie im Himmel“ an die Wand meißeln – als Warnung und Abschreckung an andere, die versuchen könnten, die Ehre der Familie zu beschmutzen. Der Legende nach strafte der Himmel jedoch den grausamen und unnachgiebigen Vater, und er sollte weder im Leben noch im Tod seinen Frieden finden. Zuerst beging die verzweifelte Elvira in dem Zimmer, das zu ihrem Gefängnis geworden war, Selbstmord. Und als der Vater starb und sein Trauerzug durch die Straßen Granadas zog, setzte ein so heftiger Regen ein, dass der Fluss Darro über die Ufer trat. Der Leichnam von Don Hernando fiel aus dem Sarg auf die Straße und wurde von der Strömung mitgerissen, so dass der rachsüchtige dritte Marquis von Castril niemals ein christliches Begräbnis erhielt.

Die Villa de Zafra war ursprünglich ein Nasriden-Palast in der Nähe des *maristán* (arabisches Krankenhaus), der – wie viele andere Gebäude – von einer christlichen Familie übernommen und Don Hernando de Zafra als einem Mitstreiter der spanischen Reconquista geschenkt wurde.

Im Jahr 1527 wurde das Gebäude zusammen mit anderen umliegenden Häusern in das Kloster der Dominikanerinnen der Heiligen Katharina von Siena integriert. 1946 erwarb die Stadtverwaltung den Bau, nahm einige Umbauten vor, aber veränderte die ursprünglichen Bausubstanz nicht. Heute beherbergt die Villa das Archäologische Museum. Die Räume sind um einen rechteckigen Innenhof herum angeordnet, in dessen Mitte sich ein Marmorbrunnen befindet. Das zweite Stockwerk wurde später aufgesetzt.

DIE STATUE DES MALERS APPERLEY

11

Der „englische Zigeuner"

Placeta de la Gloria

Haben sie den Albaicín einmal entdeckt, wollen viele Künstler dieses Viertel nie wieder verlassen. Dies galt auch für den britischen Maler George Owen Wynne Apperley (1884–1960), einen Adligen, der sich in einer Villa in diesem Stadtbezirk niederließ.

Auf einem der schönsten Plätze im Albaicín – mit Blick auf den Fluss Darro – steht ein Standbild des Malers Apperley. Die Statue war eines der letzten Werke des 1947 verstorbenen Bildhauers Mariano Benlliure, der auch das Denkmal für Christoph Kolumbus im Stadtzentrum schuf. Apperleys Statue hat einen Ehrenplatz auf der Placeta de la Gloria (oder Placeta de Apperley) – einem Platz, der 2011 auf einer Brachfläche errichtet wurde. Die detailliert ausgearbeitete Bronze zeigt den Maler spätromantischer Gemälde, der auch als »englischer Zigeuner« bekannt war, in konzentrierter Haltung auf dem Höhepunkt seiner künstlerischen Schaffenskraft.

Die Plaza zählt zu den Geheimtipps im reizvollen Viertel. Es gibt hier keinen lärmenden Verkehr und kaum Touristen – nur ein paar Passanten und gelegentlich ein Liebespaar, das an diesem verborgenen Ort mit Hecken, Blumenbeeten und Bänken romantische Momente genießt.

George Apperley

George Owen Wynne Apperley wurde 1884 vor der Südküste Englands auf der Isle of Wight als Sohn einer adligen Soldatenfamilie aus Wales geboren und genoss eine traditionelle viktorianische Erziehung. Er studierte Kunst an der Herkomer's Akademie in England und reiste 1904 nach Italien. Bereits im Alter von 20 Jahren stellte Apperley Werke in der Jahresausstellung der Royal Academy in London aus. Im Jahr 1916 zog er nach Granada, wo er sich auf Frauenporträts spezialisierte, und eine Familie mit seiner Muse und Geliebten Enriqueta Contreras gründete. Kunstbewegungen und kurzlebige Trends lehnte Apperley ab und bekannte sich zum traditionellen Realismus. In Granada freundete er sich mit lokalen Malern wie Soria Aedo, Rodríguez Acosta, López Mosque und Gabriel Morcillo an, die er in seine Gartenvilla am Aussichtspunkt San Nicolás einlud, die im Volksmund als Carmen de Apperley bekannt war. 1945 wurde er von Alfons X. „dem Weisen" geehrt und zum Ehrenmitglied der Königlichen Akademie der Schönen Künste von San Telmo in Málaga ernannt. Aufgrund der konservativen Haltung, die Apperley offen vertrat, wurde sein Haus in den Jahren der Zweiten Spanischen Republik bombardiert. Apperley zog mit seiner Familie ins marokkanische Tanger, wo er 1960 an einem Schlaganfall starb.

Der Lieblingskuchen von Señor Apperley

In der Konditorei López-Mezquita in Granada, die der Familie des großen impressionistischen Malers José María López Mezquita (1883–1954) gehört, werden Kuchen mit einer Füllung aus Erdbeermarmelade verkauft, die der Dichter Federico García Lorca (1898–1936) stets „Apperleys" nannte, da sie die Lieblingsspeise von George Apperley waren. Als Apperley einmal krank war, soll er eine Dienstbotin in die Konditorei geschickt haben, um das Gebäck zu kaufen, „das Mr. Apperley jeden Tag kauft". Er gab ihr sogar ein Bild von diesem Kuchen mit, das er selbst gemalt hatte.

DIE „PICHINA“-KAPELLE

⑫

Anzügliches an den Wänden

Carmen de los Patos (Restaurant Mirador de Morayma)
Calle Pianista García Carrillo, 2
958 228 290 – miradordemorayma.com
Di–Sa 13.30–15.30 und 19.30–22.30 Uhr, So 13.30–15.30 Uhr;
Juli/Aug. Di–Sa, So geschl.

In den 1970er–Jahren traf sich eine Gruppe von Kunststudenten in Granada und malte frivole Wandgemälde an die Mauern der Carmen de los Patos, die darauf spöttisch als „Pichina"-Kapelle bekannt wurde („Picha" bezeichnet in der Umgangssprache Granadas das männliche Glied).

Da die Wände weiß waren, ließen die Künstler ihrer kreativen Fantasie hier freien Lauf. Die meisten der Künstler waren Männer, und das Symbol des Phallus – teils von monströsen Ausmaßen – wurden zu einem dominanten Motiv ihrer Malereien.

Mariano Cruz, der Eigentümer der „Pichina"-Kapelle und des Restaurants Mirador de Morayma, erlaubte den Künstlern, sich während der Franco-Diktatur im Weinkeller seines Hauses zu treffen.

Unter dem Deckmantel harmloser Gastronomie konnten sich an diesem Ort Künstler, Schriftsteller und Freidenker treffen und ihre Ideen und Meinungen äußern.

Rafael Guillén, dem der Nationale Poesiepreis verliehen worden war, der Schriftsteller Francisco Izquierdo und der Bildhauer Cayetano Aníbal gehörten zu den Stammgästen dieser schillernden Zusammenkünfte, bei denen gutes Essen und Wein den Austausch anregten.

DIE GARTENVILLA VICTORIA ⑬

Wo Professoren promenieren

Cuesta del Chapiz, 9
958 223 122
Tägl. von 10–22 Uhr
Eintritt frei

Die Villa Victoria ist ein besonderer Ort. Professoren, die zu Vorlesungen oder Forschungsprojekten an die Universität von Granada geladen werden, genießen hier den Luxus einer Unterkunft, bei der sie jeden Morgen beim Blick aus dem Fenster die Alhambra bewundern können. Das Gebäude ist ein typisches Beispiel arabischer

Architektur – und die Gartenanlage ein Muster für einen terrassenförmig angelegten Garten mit einer unglaublichen Pflanzenwelt. Beeindruckend ist vor allem eine riesige Kletterpflanze, die im Laufe der Jahrhunderte zu unglaublichen Ausmaßen emporgewachsen ist.

Heute wird die Gartenvilla, die 1945 von der Universität Granada erworben wurde, hauptsächlich als Wohnsitz für Gastprofessoren genutzt. Die heutige Gestaltung der Villa stammt aus dem späten 19. Jahrhunderts, als ein Teil des früheren Victoria-Klosters an den Wohnsitz Carmen Olivarillo-Percal angeschlossen wurde.

Granada, die Stadt der Gartenvillen

Granada ist als Stadt der Gartenvillen (*ciudad de los cármenes*) bekannt, da diese Art von Herrschaftshäusern bereits seit arabischer Zeit der vorherrschende Wohnhaustyp der Stadt sind. Doch die Gartenvillen sind mehr als das: Sie stehen für einen Lebensstil und eine Philosophie, die dank des unermüdlichen Eifers der wenigen verbliebenen Besitzer dieser luxuriösen und gleichzeitig schlichten Villen bis heute erhalten geblieben sind. Das Wort *carmen* hat seinen Ursprung im arabischen Wort *karm*, was „Weinberg“ oder auch „Weinrebe“ bedeutet. Eine Gartenvilla wurde demnach als Anwesen mit einem Obstgarten und einem Garten konzipiert oder als Anwesen, das der Erholung dient. Ein solches Anwesen besteht aus drei Hauptelementen: einem weitläufigen Wohnhaus mit Turm, einem Garten und einer Mauer, die das Anwesen von der Straße trennt, um die Privatsphäre und Intimität des Wohnbereichs zu wahren. Die Villen wurden zumeist an Hängen errichtet und waren ursprünglich einfache Backsteinbauten, die durch verputzte Wände, Stuck und Mosaiken den Eindruck eines luxuriösen Hauses vermittelten. Die typische moderne Gartenvilla in Granada entstand im frühen 17. Jahrhundert nach der Vertreibung der Mauren aus dem Albaicín. Das dicht besiedelte Viertel hatte sich in nur zwei Jahren – von 1568 bis 1570 – in ein Trümmerfeld verwandelt, auf dem neue Herrschaftshäuser im barocken Baustil entstanden. Im 19. Jahrhundert baute das gebildete Bürgertum unter dem Einfluss des Orientalismus die noch erhalten Reste alter Gartenvillen wieder auf und schmückte sie mit orientalisch anmutenden Details. Seither steht der Besitz einer Gartenvilla im Albaicín symbolisch für Wohlstand und guten Geschmack. Gartenvillen findet man im Bezirk Albaicín und auf beiden Seiten der Flüsse Darro und Genil – Stadtgebiete, in denen die Kanalisierung von Trinkwasser durch Aquädukte und Zisternen es ermöglichte, solche traditionellen Gebäude mit üppigen Gärten zu errichten.

AVE-MARÍA-SCHULEN

Die innovative Pädagogik des Pater Manjón

Cuesta del Chapiz, 20
958 229 456 oder 958 221 460 – casamadre.amgr.es
Mo–Fr 9–13 Uhr – Besuch nach Voranmeldung

Die Ave-María-Schulen von Sacromonte sind eine Bildungseinrichtung, die von Pater Andrés Manjón y Manjón, einem Pionier auf dem

Gebiet der Reformpädagogik, gegründet wurden. Die Schulen waren hauptsächlich für die Kinder von Sacromonte bestimmt, die meist aus Roma-Familien stammten. Sie wurden in den Schulen im Katechismus unterrichtet und erhielten eine Grundschulbildung. Da diese Kinder unter sozialer Ausgrenzung litten und häufig Analphabeten waren, entwarf Pater Manjón das neuartige didaktische System des spielerischen Lernens, das als Mittel zum Verständnis des Lehrstoffs auf dem natürlichen Spieltrieb der Kinder basiert. Das Schulgelände besteht heute aus einem Zusammenschluss von acht Gartenvillen und erstreckt sich über eine Fläche von mehr als 1,5 Kilometern entlang des Flusses Darro.

Als Unterrichtsräume und Schülerwohnheime wurden zur Zeit von Pater Manjón auch die nahe gelegenen Höhlen genutzt, und der Unterricht fand oft im Freien statt. Die Kurse, in denen Nähen, Bügeln, Waschen, Kochen, die Reparatur von Schuhen, das Tischlerhandwerk und die Druckgrafik unterrichtet wurden, verbanden Theorie und Praxis. Es gab auch Zeichenkurse, die von den angesehenen Malern Manuel Gómez-Moreno und José Larrocha durchgeführt wurden.

Die Höhlenschulen existieren heute nicht mehr, aber man kann sich für einen Besuch anmelden und einige Ausstellungsstücke besichtigen, die einen Einblick in die unkonventionellen Lehrmethoden geben – wie zum Beispiel den ungewöhnlichen Kartenteich, der für den Geografieunterricht genutzt wurde, historische und moderne Spiele zum Kennenlernen der Planeten, Zahlen- und Buchstabentafeln oder Kartei- und Lernkarten zum Bilden von Wörtern. Auch ein Besuch der Räume von Pater Manjón ist möglich. Zu sehen ist dort eine Nachbildung des Schlafzimmers mit seinen persönlichen Gegenständen.

Pater Andrés Manjón y Manjón

Der Theologe, Jurist und Pädagoge Andrés Manjón y Manjón wurde 1846 in Sargentes de la Lora in der Provinz Burgos geboren. Er stammte aus einer einfachen Familie, studierte jedoch Philosophie und Theologie in Burgos. Nach seiner Priesterweihe 1886 absolvierte er ein Jurastudium in Valladolid. In Madrid lehrte er am Colegio San Isidoro, wo er seine wahre Berufung – das Unterrichten – entdeckte. 1829 wurde er in Santiago de Compostela zum Professor für Kirchenrecht ernannt. Anschließend lehrte er an der Universität von Granada, wo er seine Abhandlung über das Kirchenrecht verfasste. Als er Kanoniker der Abtei von Sacromonte wurde, begann er, die Umgebung der Region zu erkunden. Seine intensive pädagogische Arbeit an den Ave-María-Schulen führte zu einer weltweiten pädagogischen Revolution. Er starb 1923 im Alter von 76 Jahren in Granada.

DIE KAPELLE DES CRISTO DE LA CAÑA

15

Der Flamenco-Christus

Camino del Sacromonte, 47

Die Kapelle befindet sich in einer kleinen Höhle am Camino del Sacromonte und liegt direkt neben der Diskothek des Viertels. Das Kapellchen schmückt ein kurioses Gemälde, das in Sacromonte als *Cristo de la Caña (Christus mit Stab)* verehrt wird und Bezüge zur Flamencokultur besitzt. Der Stab im Bild des gegeißelten Christus erinnert an ein Instrument, das bei Flamencofesten verwendet wird. Allerdings ist das Gemälde nur eine schlechte Kopie: Das Original aus dem 17. Jahrhundert verwahrt der Kapellenbesitzer in seinem Haus.

Die Darstellung des gegeißelten Jesus Christus mit gefesselten Händen und Dornenkrone wird wie die Gemälde an den Seitenwänden und die Kuppel des kleinen Heiligtums Tag und Nacht von einer Laterne beleuchtet. Stets ist das Kapellchen mit frischen Blumen und brennenden Kerzen gefüllt. Einheimische Frauen kümmern sich darum – und sorgen für die Reinigung und Sicherheit des Heiligtums. Um die Höhle von innen sehen zu können, muss man darauf warten, dass eine dieser Frauen zur Kapelle kommt (sie sind zwar öfter da, aber nicht zu festen Zeiten).

Das Kreuz, das diese Kreuzwegstation von Sacromonte früher einmal markierte, ist schon seit Jahren verschwunden, und so bleibt die kleine Kapelle von den Touristen und dem Andenkenhandel, der den Großteil der Straße in eine Art Folkloremuseum verwandelt hat, weitgehend unberührt. Die Kirche hat nie eine Unterstützung für die Restaurierung des Höhlenheiligtums erhalten, denn wie in der gesamten Gegend mangelt es den städtischen Behörden auch hier an Interesse. Die Eigentümer der Diskothek auf dem Hügel haben bereits Interesse an einem Kauf der Kapelle bekundet – sie wollen den Raum zur Lagerung von Getränkekisten nutzen. Trotz aller Widerstände gegen den Fortschritt bleibt der *Cristo de la Caña* auf dem Kreuzweg von Sacromonte hell erleuchtet: Er fungiert als ein zentraler Punkt des Viertels und wird mit einer seltsamen Mischung aus Verehrung und Aberglauben angebetet – eine Wertschätzung, die jeden Winkel dieses geheimnisvollen, urwüchsigen Heiligtums durchdringt.

BESUCHERZENTRUM UND MUSEUM ⑯ DER HÖHLEN VON SACROMONTE

Höhlenwohnungen

Centro de interpretación y Museo de las cuevas del Sacromonte
Barranco de los Negros (Schlucht der Schwarzen)
Sacromonte
958 215 120
sacromontegranada.com
info@sacromontegranada.com
Mo–So 10–20 Uhr (15. März bis 14. Okt.); Mo–So 10–18 Uhr (15. Okt. bis 14. März)
Dauer der Führung: ca. 1 Stunde

Vor zehn Jahren wurden in den abgelegenen Höhlen von Sacromonte ein Besucherzentrum und ein ethnografisches Museum eröffnet. In dem von der Asociación Vaivén Paraíso verwalteten Museum erfährt man Aufschlussreiches über das Leben in den Höhlen – eine uralte Tradition, die immer noch in der Stadt und Provinz Granada lebendig gehalten wird – und kann Höhlenwohnungen besichtigen, die teils noch bis Mitte des 20. Jahrhunderts genutzt wurden.

Höhlenwohnungen waren einst charakteristisch für den Stadtbezirk Sacromonte. Sie boten Schutz vor Kälte und Hitze, und ihre Bewohner profitierten davon, dass in den Höhlen stets konstante Temperaturen von 18 bis 22 Grad Celsius herrschen.

Die Beziehung zwischen Mensch und Höhle ist flexibel, denn man kann die Höhlenwohnung erweitern und sich tiefer in den Berg

hineingraben. Voraussetzung ist jedoch ein wasserdichtes Terrain. Eine Höhlenwohnung besteht meistens aus mehreren aneinandergrenzenden Räumen. Die Fassade weist in Richtung Osten und verfügt über ein Eingangstor und eine Fensterfront. Der Kamin und eine Art Innenhof befinden sich gegenüber dem Eingangstor. Von hier aus geht es in die Küche, die das Herz der Höhle und das Revier der Matriarchin ist. Die Wohnung wird durch Schlafräume erweitert. In den hellsten Räumen mit Fensteröffnung wurde gearbeitet: Die Männer fertigten zumeist Körbe aus Schilf oder Rohr an, die Frauen stickten, nähten und strickten.

Die Höhlen von Sacromonte waren viele Jahrhunderte lang Zufluchtsort für die sozial ausgegrenzten Bevölkerungsgruppen der Stadt – Mauren und später Roma. In den vergangenen Jahrzehnten entdeckte man die Höhlenwohnungen im Zuge der globalen Erwärmung wieder und baute sie zu Luxusappartements aus, die von Kunstschaffenden und wohlhabenden Menschen bewohnt werden, die nach Ruhe und einem Hauch Exotik suchen.

Der „Zigeunerfürst"

Der Roma-Patriarch Mariano Fernández, der auch Chorrojumo genannt wurde, verkörperte auf perfekte Weise das Klischee, das man im 19. Jahrhundert von einem „Zigeuner" hatte. Chorrojumo gab irgendwann seine Arbeit als Schmied auf, um durch die Alhambra zu spazieren und sich von Touristen im „Zigeunerkostüm" fotografieren zu lassen. Er unterhielt die Besucher mit spannenden Geschichten und verkaufte sogar Fotos von sich selbst – das berühmteste wurde von dem renommierten Fotografen José García Ayola (1836–1900) aufgenommen. Seine Entdeckung aber hat Chorrojumo, der auf zahlreichen Postkartenmotiven abgebildet war und die Geschichte Granadas in der ganzen Welt repräsentierte, dem Maler Mariano Fortuny (1871–1949) zu verdanken. Er starb an einem Herzinfarkt, als er gerade an der Alhambra vorbeiging, an dem Palast, zu dessen menschlichem Dekor er geworden war. In den mehr als vierzig Jahren seines Lebens als »Zigeunerfürst« ließ er viele Konkurrenten hinter sich, und niemand kann ihm heute seinen Status streitig machen.

DIE TEESTUBE ODER „FREILUFTSCHEUNE" IM VALPARAÍSO-TAL

17

Teetrinken in einer skurrilen Höhle

Valparaíso-Tal

Im oberen Bereich des Valparaíso-Tals in Sacromonte befindet sich eine kleine Teestube, in der ein leuchtendes Plakat mit der Aufschrift „Freiluftscheune" hängt – eine Anspielung auf die Scheune, die einst hier stand. Ein zweites Plakat weist darauf hin, dass die Teestube vom *Kulturzentrum der Freien Universität* betrieben wird.

Der Wissenschaftler Antonio Villar Yebra vertritt die Theorie, dass sich hier zur Zeit der Mauren eine geheime Kapelle befand, in der jüdische Konvertiten getauft wurden. Jahrhunderte später bot dann Ismael, der Besitzer der Höhle, vorbeikommenden Wanderern Erfrischungsgetränke im Schatten der Kiefern an. Im Laufe der Jahre hat er Fundstücke wie Auto- und LKW-Reifen, Holz und Steine zu Tischen und Stühlen für seine Gäste umgebaut, die diesen verborgenen Ort, der auf keiner Karte verzeichnet ist, entdecken können.

Der Besitzer der Teestube lebt wie seine Nachbarn im Valparaíso-Tal in einer Höhlenwohnung. In vielen Fällen ließen sich die Besitzverhältnisse der Höhlen nicht mehr nachverfolgen, da keine Grundbucheintragungen existieren.

Schon seit über zwanzig Jahren ist er hier zuhause, umgeben von seinen Büchern und dem schwachen elektrischen Licht, das eine kleine, vor Kurzem installierte Solaranlage liefert.

Die „Straße der Höhlenbewohner" auf dem Camino del Sacromonte, der zur Abtei führt, sieht etwas anders aus als die Straßen in anderen Stadtvierteln, da sie weder über Straßenbeleuchtung noch über ein öffentliches Abwassernetz verfügt.

DIE CUTI-ZISTERNE

Der vergessene Wasserspeicher

Valparaíso-Tal
Höhle durchgehend geöffnet

Die Cuti-Zisterne befindet sich an einem der steilen Wege, die durch staubiges Terrain hinauf nach Sacromonte führen, dort, wo die Bevölkerung seit jeher in Höhlenwohnungen und Hütten lebt.

Die Zisterne liegt jenseits der Abtei von Sacromonte, auf der anderen Seite der Barranco de los Naranjos und der Barranco de los Negros, im Gebiet Valparaíso, in dem die Zeit seit Jahrhunderten stillzustehen scheint. In den Handbüchern und Verzeichnissen zu den Brunnen der Stadt Granada wird dieser alte Wasserspeicher gar nicht erwähnt. Die Cuti-Zisterne ist durchgehend geöffnet und für alle, die sich für Archäologie interessieren, unbedingt sehenswert.

Es ist eine Überraschung, diese Zisterne hier zu entdecken, mitten auf einem namenlosen Weg und ohne jede Beschilderung – einzig ein Spitzbogen aus Backsteinziegeln am Eingang deutet auf ihre Existenz hin. Und so kennen auch nur die Einheimischen, die das Wasser der Zisterne für häusliche Zwecke nutzen, ihre blutige Geschichte (siehe unten).

Die Funktion der Zisterne besteht darin, das Wasser, das aus dem Inneren des Berges nach unten dringt, zu sammeln. In einer Tiefe von etwa hundert Metern tropft das Wasser in das Innere der Zisterne, fließt dort durch in die Erde gehauene Kanäle und wird in einfachen Ziegelbecken aufgefangen.

Flucht und Tod eines Kämpfers

Ein Polizeibericht erzählt die Geschichte der Menschenjagd, die in den 1940er-Jahren von der Guardia Civil veranstaltet wurde, um zwei bekannte Franco-Gegner aufzugreifen.

Im Juli 1945 fahndete die Guardia Civil nach den Rebellenbrüdern Francisco und Pedro Quero. Sie wurden in ein Feuergefecht verwickelt, bei dem Francisco einen Schuss ins Auge erlitt. Auf der Flucht brach sich Pedro ein Bein, und sein Bruder Francisco trug ihn auf seinen Schultern tief nach Sacromonte hinein. Sie beschlossen, sich zu trennen, damit wenigstens einer von ihnen überleben würde. Pedro schaffte es bis zur Cuti-Zisterne. Er blieb in seinem Versteck, in der Hoffnung, sich dadurch retten zu können – doch seine Feinde umzingelten den einzigen Ausgang der Zisterne. Da er nicht fliehen konnte, rief Pedro ihnen zu, sie müssten hereinkommen, um ihn zu holen. Zwei Mitglieder der Guardia Civil versuchten, sich Zugang zu der schmalen Zisterne zu verschaffen, wurden jedoch getötet, da am Eingang der Zisterne sieben Kilogramm Dynamit deponiert waren. Pedro rief weiter, und die Polizisten wagten es erneut, die Zisterne zu betreten. Als Pedro merkte, dass es kein Entrinnen mehr möglich war, gab er vor, sich zu ergeben, und bat um eine letzte Zigarette. Seine Schwägerin, die bei der Belagerung anwesend war, brachte ihm Tabak und begann zu weinen. Die Wachen wurden ungeduldig und befahlen ihm, mit erhobenen Händen herauszukommen. Darauf hörten sie einen Schuss. Alle Anwesenden waren vor Schreck wie gelähmt. Man zwang Pedros Schwägerin, Pedros leblosen Körper aus der Zisterne zu schleppen. Damit erfüllte Pedro das Versprechen, das er seinen Brüdern gegeben hatte: Keiner von ihnen würde jemals in Gefangenschaft geraten.

DIE DAVIDSTERNE AN DER ABTEI VON SACROMONTE

19

Nicht nur ein hebräisches Symbol

Camino de Sacromonte, 4
958 221 445
Tägl. außer Mo. 11–13 Uhr und 16–18 Uhr

Vielen Besuchern fällt auf, dass in der Abtei von Sacromonte sehr viele Davidsterne (oder besser gesagt: Hexagramme) zu sehen sind. Sie befinden sich am Eingangstor, über dem Eingang zur Abtei, und an verschiedenen Stellen auf der Außenmauer. Dieses Zeichen ist nicht nur ein jüdisches Symbol. Bis zum 14. Jahrhundert war es auch ein wichtiges Symbol von Christen und Muslimen.

Unter den berühmten Bleibüchern (s. Seite 106), die in der Abtei aufbewahrt werden, gibt es ein Werk, das speziell dem Hexagramm, bzw. dem Siegel Salomos gewidmet ist: Es wurde von Cecilio Ebnelradi, einem Schüler des heiligen Jakobus, verfasst und trägt den Titel *Buch der Geschichte des Siegels Salomos. Geschichte des Siegels des Propheten Salomos, des Sohnes Davids, und seiner Geheimnisse, nach der Jungfrau Maria.*

Weitere Informationen über die Symbolik des Davidsterns finden Sie auf der folgenden Doppelseite.

Weitere Informationen über die esoterische Bedeutung der Bleibücher als mögliches „Fünftes Evangelium“ finden Sie auf Seite 106.

Das Hexagramm: Ein magisches Symbol?

Das Hexagramm, auch Sechsstern oder Davidstern genannt, wird aus zwei ineinander verwobenen, gleichseitigen Dreiecken gebildet, die für die spirituelle und die menschliche Natur des Menschen stehen. Seine sechs Zacken entsprechen den sechs Richtungen des Raums (Norden, Süden, Osten, Westen, Zenit, Nadir) und symbolisieren die sechs Tage der Schöpfung; Am siebten Tag ruht der Schöpfer. In diesem Kontext ist das Hexagramm zum Symbol des Makrokosmos (seine sechs 60-Grad-Winkel ergeben in der Summe 360 Grad) und der Einheit des Menschen mit seinem Schöpfer geworden.

Gemäß den Vorgaben des Alten Testaments (Deut. 6, 4–8) findet sich das Hexagramm häufig auf der traditionellen jüdischen *Mesusa*, einer am Türpfosten befestigten Schriftkapsel. Doch auch christliche und muslimische Völker verwenden es oft als Amulett. Im Koran (38:32 ff.) und in den Erzählungen aus Tausendundeiner Nacht ist es als unzerstörbarer Talisman präsent, der einem zum Segen Gottes verhilft und vor den Geistern der Natur (*Dschinn*) schützt. Ebenso häufig findet es sich auf den Fenstern und Giebeldreiecken christlicher Kirchen, gleich einem symbolischen Verweis auf die universelle Seele, die hier durch Jesus bzw. durch Jesus (oberes Dreieck) gemeinsam mit Maria (unteres Dreieck) dargestellt wird. Beide sind eng miteinander verschlungen und bilden im Ergebnis den allmächtigen, ewigen Vater.

Oft findet man das Hexagramm auch abgewandelt als sechszackigen Stern und sechsblättrige Rosette. Das Hexagramm findet sich zwar in der Synagoge von Kafarnaum (3. Jh.), in der rabbinischen Literatur – genauer gesagt im *Eschkol Hakofer* des karäischen* Weisen Judah Hadassi – taucht es jedoch erst 1148 auf. In Kapitel 242 erhält es einen mystischen, beschützenden Charakter; häufig wurde es in Amulette eingraviert: „Und die Namen der sieben Engel wurden auf die Mesusa geschrieben. Der Ewige schützt dich und dieses Symbol, das ‚Davidschild', enthält am Ende der Mesusa die geschriebenen Namen aller Engel." Im 13. Jh. wurde das Hexagramm zudem zum Attribut eines der sieben magischen Namen Metatrons, des Engels, der mit dem Erzengel Michael, dem Gott am nächsten stehenden Fürsten der himmlischen Heerscharen, verbundenen Präsenz. Die Identifikation des Judentums mit dem Davidstern begann im Mittelalter. 1354 gestand König Karl IV. (Karel IV.) der jüdischen Gemeinschaft von Prag das Privileg zu, ihre eigene Fahne zu führen. Die Juden entwarfen daraufhin ein goldenes Hexagramm auf rotem Grund, genannt *Magen David* (Schild Davids), das zum offiziellen Symbol für Synagogen der jüdischen Gemeinschaft allgemein wurde. Im 19. Jh. war dieses

Symbol weit verbreitet. Die jüdische Mystik sah den Ursprung des Hexagramms direkt in den Blumen, welche die Menora** in Form einer Lilie mit sechs Blütenblättern zieren. Ihre Anhänger glaubten daran, dass es direkt aus den Händen des Gottes Israels stammte; die Lilie mit ihren sechs Blütenblättern gleicht in ihrer Form dem Davidstern und wird im Hohelied Salomos auch mit dem Volk Israel gleichgesetzt.

Neben seiner beschützenden Funktion soll das Hexagramm auch über magische Kräfte verfügen: Dieser Glaube geht auf den Schlüssel Salomons (*Clavicula Salomonis*) zurück, eine Reihe von König Salomon zugeschriebenen magischen Schriften, die jedoch vermutlich aus dem Mittelalter stammen – wahrscheinlich aus einer der vielen kabbalistischen Schulen, die es seinerzeit in Europa gab. Der Text ist klar von den Lehren des Talmud und der jüdischen Kabbala inspiriert. Er umfasst 36 Pentakel (voller magischer bzw. esoterischer Bedeutung), über die eine Verbindung zwischen der irdischen Welt und den Ebenen der Seele hergestellt werden soll. Von dem Text gibt es verschiedene Fassungen und Übersetzungen, deren Inhalt zum Teil stark variiert. Auch im Buddhismus und Hinduismus in Tibet und Indien wird das universelle Symbol des Hexagramms verwendet. Hier gilt es als Symbol des Schöpfers und der Schöpfung, für die Brahmanen ist es das Zeichen des Gottes Vishnu. Die beiden verschlungenen Dreiecke waren ursprünglich in Grün (oberes Dreieck) und Rot (unteres Dreieck) gehalten. Später wurden diese beiden Farben durch Weiß (Materie) und Schwarz (Geist) ersetzt. Im Hinduismus verweist das obere Dreieck des Hexagramms auf Brahma, Vishnu und Shiva (was im Christentum dem Vater, dem Sohn und dem Hl. Geist entspricht) und das untere Dreieck auf Shiva, Vishnu und Brahma (Hl. Geist, Sohn und Vater). Der Sohn (Vishnu) befindet sich dabei stets in der Mitte: Er ist Mittler zwischen dem Göttlichen und dem Irdischen.

qara'im oder *bnei mikra: »Der der Heiligen Schrift folgt«. Der Karaismus ist ein Zweig des Judentums, der die alleinige Autorität der hebräischen Bibel als Quelle der göttlichen Offenbarung verteidigt und die mündliche Überlieferung ablehnt.*

**Menora*: Mehrarmiger Leuchter, der bei jüdischen Riten verwendet wird. Die Arme der siebenarmigen Menora, einem der ältesten Symbole des jüdischen Glaubens, repräsentieren die Sieben Erzengel vor dem Thron Gottes: Michael, Gabriel, Samuel, Raphael, Zadkiel, Anael (auch: Haniel) und Cassiel.*

Die Bleibücher von Sacromonte: Das Fünfte Evangelium?

Die Bleibücher von Sacromonte, die in arabischer und lateinischer Sprache auf Bleiplatten geschrieben wurden, bleiben bis heute ein Rätsel. Sie gelten als ketzerisch, und als ein Werk, das am Ende des Mittelalters von den Mauren Granadas erfunden wurde. Im 16. Jahrhundert stand auf dem Berg Valparaíso – dem „heiligen Berg" von Granada, wo sich heute die Abtei von Sacromonte befindet –, der „alte Turm", das ehemalige Minarett der großen Nasriden-Moschee. Als dieser abgerissen wurde, entdeckte man einen unterirdischen Raum. Hier fanden Francisco Hernández und Sebastián López aus Granada am 18. März 1588 – dem Fest des heiligen Gabriel (dem Erzengel, der dem Propheten Muhammad den Koran diktierte) – eine Kiste aus Blei. Am nächsten Tag war das Fest des heiligen Josef – des Ehemanns der Jungfrau Maria –, der die Bleibücher, die den muslimischen Mullahs diktiert wurden, inspiriert haben soll (der heilige Josef wird in den Texten häufig erwähnt).

In der Kiste fand man neben den Bleibüchern weitere Gegenstände: eine Tafel mit der Darstellung Jesu in „ägyptischer" Tracht – Kleidung, die den Mauren in Granada verboten war; ein Tuch der Jungfrau Maria sowie ein Pergament, das in arabischer, spanischer und in volkstümlich-kastilischer Sprache verfasst war und als eines der frühesten Zeugnisse des heiligen Caecilius, des Schutzpatrons von Granada, gilt. Don Pedro de Castro, der Bischof von Granada, war hocherfreut über die Funde. Er bestand darauf, die Ausgrabungen fortzusetzen. Man fand darauf mehrere runde Bleiplatten mit lateinischen und arabischen Inschriften über Heilige, die unter der Herrschaft des römischen Kaisers Nero als Märtyrer starben. Unter den Dokumenten und Reliquien, die bis 1599 gefunden wurden, stach ein Name besonders hervor: der des

heiligen Caecilius, einer der Sieben Apostolischen Männer. Er soll den Berichten in den Bleibüchern zufolge nach der muslimischen Invasion der Iberischen Halbinsel zum Islam übergetreten sein, obwohl dies historisch unmöglich ist (Caecilius lebte im 3. Jahrhundert, die Invasion fand jedoch im 8. Jahrhundert statt). Der überraschendste Aspekt in den Bleibüchern ist jedoch, dass sie ein weiteres, noch unbekanntes Evangelium beschreiben, das auf die Jungfrau Maria zurückgehen soll und das auf der gesamten Iberischen Halbinsel gelesen worden sein soll.

Dieses Fünfte Evangelium war für die Pilger in Santiago de Compostela von überaus großem Interesse. Die Bleibücher verweisen mehrfach auf den heiligen Jakobus und die Jungfrau Maria, die ihm aufgetragen haben soll, unter der Führung des Erzengels Gabriel auf die Iberische Halbinsel zu reisen, um die Bleibücher an verschiedenen Orten in Granada zu verstecken (im Sinne der „Verborgenen Weisheit").

Der Apostel Jakobus ist in Spanien traditionell geachtet und wurde auch von einigen Muslimen verehrt. Als der grausame Krieger Soulnzor im 10. Jahrhundert Santiago de Compostela angriff, soll er es nicht gewagt haben, die Kathedrale anzurühren, weil dort die sterblichen Überreste des heiligen Jakobus, dem Schutzpatron der Iberischen Halbinsel, begraben waren. Juden und Araber pilgerten oft gemeinsam mit Christen nach Santiago de Compostela. Diese Pilgerwanderungen auf dem Jakobsweg waren eine Phase spirituellen Wachstums, denn die Pilgerreise bot Gelegenheit zur Beichte und zum Erlass von Sünden. Zur kulturellen und geistigen Bildung vieler christlicher Pilger, die in Moscheen und Synagogen studierten, gehörten auch Kenntnisse der Alchemie, der Kabbala und anderer hermetischer Weisheiten. In die 22 kreisrunden, jeweils zehn

Zentimeter langen Bleiplatten, die als „Bleibücher von Sacromonte" bekannt sind, sind hermetische Symbole und alchemistische Zeichen in arabischer Sprache eingraviert. Einige agnostische Forscher, die die arabisch-jüdische Esoterik nicht kennen, schrieben die Schriften Salomon zu. Tatsächlich aber stellen die 22 Bleibücher einen letzten Versuch dar, das Christentum – nach der Reconquista Granadas im Jahr 1492 durch König Ferdinand und Königin Isabella – mit dem Islam zu versöhnen.

Die neuen christlichen Monarchen versprachen zwar, die Gesetze und Bräuche der arabischen Bevölkerung zu respektieren und zu bewahren, aber Kardinal Cisneros ignorierte dieses Versprechen: Er verpflichtete die Mauren, zu konvertieren und verbot ihre religiösen Praktiken und ihre Traditionen. Sein Vorgehen führte 1500 zum Aufstand in den Alpujarras und 1568 zum sogenannten Zweiten Aufstand in den Alpujarras, der mit aller Härte niedergeschlagen wurde. Während die katholische Kirche versuchte, die Mauren durch bewaffnete Unterdrückung zum Christentum zu bekehren, war man in der Moschee von Granada bemüht, den Katholizismus mittels der Bleibücher von Sacromonte kulturell zu islamisieren. So findet man in den Bleibüchern eine christliche Schahada (Glaubensbekenntnis) als Vorbereitung auf die muslimische Schahada, die als überlegen dargestellt wird – wenn auch in einer Weise, von der man hoffte, dass die Christen sie akzeptieren könnten. Jesus erscheint als das Symbol der Heiligkeit, Muhammad als das Symbol der Prophetie.

Die Spiritualität, die in den Bleibüchern zum Ausdruck kommt, ist die Anbetung des Allerhöchsten Gottes nach muslimischer Tradition, die vom christlichen Kult beeinflusst ist – wie aus einem der Bücher hervorgeht, das von Angehörigen beider Religionen verwendet wird: das *Kitab al-Hikam ad-Din*, das „Buch der religiösen Weishieten". Es ist ein islamisches – und auch christliches – Andachtsbuch, das Formeln enthält, die immer wieder an die grundlegenden Elemente

des Monotheismus erinnern.

Die islamische Verehrung von Jesus und Maria nach muslimischer Tradition kommt in den Bleibüchern mehrfach zum Ausdruck, ohne dass Gott jemals erwähnt wird – mit Ausnahme einiger Anspielungen auf die Dreifaltigkeit. Die wichtigste Figur in diesen „geheimen" Texten ist die Jungfrau Maria, die auch im Islam verehrt wird. Der Koran enthält die Worte „Ave Maria", die der Erzengel Gabriel spricht. Maria ist die Hauptfigur des schönsten der Bleibücher: des *Kitab minha as cilha Maryam al-Adra (Buch der Gespräche der Heiligen Jungfrau Maria)*, einer Version der *Himmelsreise des Propheten Muhammad*, welche angeblich eine der Inspirationsquellen für Dantes *Göttliche Komödie* war. Dieses Bleibuch zeichnet sich dadurch aus, dass es der christlichen Vorstellungskraft eine konkrete Vision des Paradieses und der Hölle bietet, die in der Bibel fast völlig fehlt.

Für die Mauren Granadas wirkte diese Vision des Paradieses wie eine Verklärung der Gärten von Granada. Die schöne Stadt mit ihren vier Toren, ihren Obstgärten und dem heiligen Berg (Sacromonte) war für sie die Verwirklichung des Paradieses.

Die Bleibücher von Sacromonte wurden 1631 nach Madrid und Jahre später zu Studienzwecken nach Rom gebracht, wo Papst Innozenz XI. sie 1682 für falsch und ketzerisch erklärte – die zusammen mit den Bleibüchern entdeckten Reliquien jedoch für echt befand. Glücklicherweise ließ der Vatikan diese einzigartigen Werke nicht zerstören, sondern gab sie im Juni 2000 auf Initiative von Papst Benedikt XVI. an Granada zurück. Einige Exemplare der 22 Bleibücher sind heute im Museum der Abtei von Sacromonte ausgestellt.

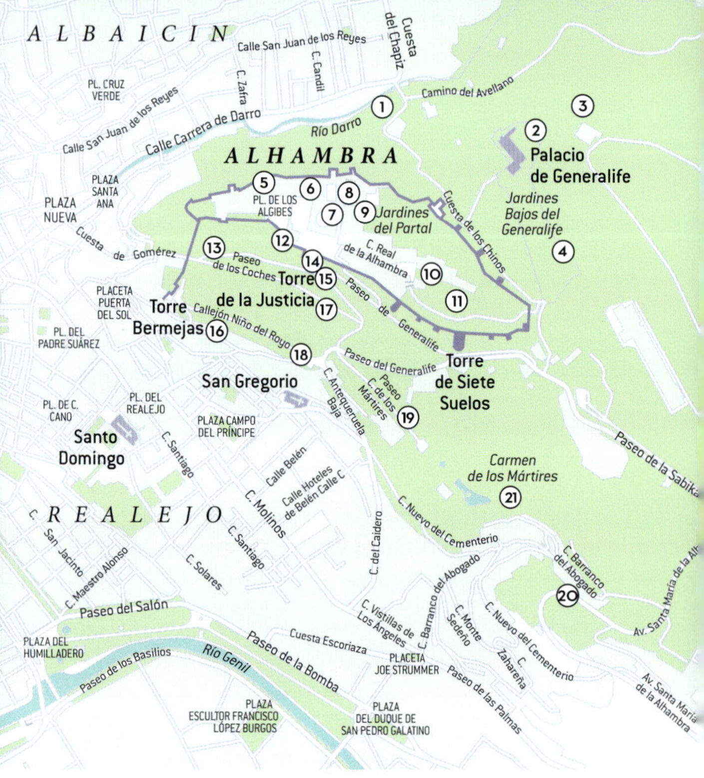

Die Alhambra

Parque periurbano Dehesa del Generalife

Cementerio de San José

DER TUNNEL DES KLEINEN KÖNIGS ①

Der Wasserfall unterhalb der Alhambra

Der Weg, der vor dem Edificio del Rey Chico mit dem Centro de Artes Escénicas (Zentrum für Theaterkunst) zum Fluss Darro hinunterführt
Der Tunnel am Flussufer ist durchgehend zugänglich

Der „Tunnel des Kleinen Königs", der mitten in den Alhambra-Hügel hineinführt, endet am Ufer des Flusses Darro. In diesem unterirdischen Stollen, der eine Höhe von 3,5 Metern hat, strömt kontinuierlich frisches Wasser über den gepflasterten Boden. Es kommt aus den Bachlauf, der einige Meter oberhalb des Tunnels parallel zum Fußweg Cuesta de los Chinos fließt.

Den meisten Passanten fällt der Eingang zu diesem Tunnel nicht auf, weil er von Brombeerranken und üppiger Ufervegetation verdeckt wird. Das einzige Indiz, das die Existenz des verborgenen Eingangs verrät, ist der kleine Wasserfall, der sich am Ufer in den Fluss ergießt. Hier beginnt der Tunnel, der unter dem Edificio del Rey Chico liegt.

Im feuchten Stollen ist in der Ferne ist das Geräusch von tosendem Wasser zu hören. Dort – direkt unter dem Torre de las Damas – endet die Röhre, die Wasser aus dem Fluss in ein riesiges Becken leitet.

Die Herkunft der zahlreichen Tunnel, die von jedem Winkel der Stadt aus zur Alhambra führen, ist von Legenden umrankt, die den romantischen und geheimnisvollen Zauber des Palastes auf dem roten Hügel noch verstärken. Errichtet wurden sie, um im Falle einer Belagerung die Versorgung der Alhambra sicherzustellen – und einige dieser Zugänge ermöglichten es Besuchern auch, die Alhambra ungesehen zu betreten und wieder zu verlassen, was in diplomatischen Angelegenheiten und bei heimlichen Liebschaften stets von Vorteil ist. Über das Tunnelsystem unter der Alhambra ist viel spekuliert worden, aber erforscht wurde es bislang wenig. Der „Tunnel des Kleinen Königs" ist noch zugänglich, während die Eingänge zu anderen – vor allem zu den Stollen, die unter dem Torre de las Damas oder unter dem Torre de Comares verlaufen –, von der Verwaltung der Alhambra gesperrt wurden.

DIE WASSERTREPPE 2

Der Lieblingsort von Federico García Lorca

La escalera del Agua
In den Gärten des Generalife

Die Wassertreppe, die ihren Namen den kleinen Kanälen verdankt, die parallel zu ihr verlaufen und zwischen dem 13. und 15. Jahrhundert erbaut wurde, ist heute an einigen Stellen fast vollständig von Pflanzen bewachsen – und auch der einstige Zugangsweg zum kleinen Oratorium am oberen Teil der Mauer ist von üppiger Vegetation überwuchert.

Die Wassertreppe war einst der Lieblingsort des Lyrikers und Dramatikers Federico García Lorca und des Komponisten Manuel de Falla, der die Atmosphäre dieses besonderen Ortes in seiner Musik verewigt hat. Die schlichte Schönheit der Treppenanlage verwandelt diesen versteckten Winkel des Gartens in ein himmlisches Paradies, in dem man dem sanften Rauschen des Baches lauschen und den Duft der Lorbeerbäume genießen kann. Das kühlende Wasser strömt neben der Treppe und durch schmale Rinnen in den Handläufen entlang, die vom Acequia Real („Königlicher Kanal") bis hierher führen – ein stetes Plätschern, das eine belebende und inspirierende Atmosphäre schafft. Das Wasser fließt auf seinem Weg entlang der Treppe durch drei Becken, wo es seine Kräfte sammelt, um erneut verspielt in der Rinne zu plätschern, und schließlich kommt es in mehreren kleinen runden Becken zur Ruhe. Ein unterirdischer Kanal erzeugt in der Mitte eines jeden Beckens eine kleine Wasserfontäne.

Einst nutzten die Muslime das raffinierte System der kühlenden Wasserbecken für die rituellen Waschungen vor dem Gebet, dann erfrischten sich hier Christen – und heute genießen Besucher der Gärten die Wasserspiele.

DER KÖNIGLICHE KANAL

③

Die Lebensquelle der Alhambra

Acequia Real
Auf den Weiden des Generalife am Cerro del Sol; Zugang über die Straße zum Winterpark (Llano del Perdiz)

Der Acequia Real („Königlicher Kanal") ist ein Paradebeispiel für die komplexen arabischen Bewässerungsanlagen, die das Trinkwasser für die Menschen innerhalb der Palastmauern lieferten und die Alhambra mit ihren blühenden Gärten, Obsthainen, Bädern, Moscheen, Zisternen und Brunnen mit dem lebensspendenden Element versorgten. Ingenieure und Architekten weltweit betrachten dieses intelligente hydraulische System als ein wahres Wunderwerk. Dieser große Hauptkanal mit einer Länge von etwa elf Kilometern leitet das Wasser direkt aus dem sechs Kilometer entfernten Fluss Darro ab. Der Kanal beginnt seinen Weg zu den Weiden des Generalife am Cerro del Sol an einer künstlichen Flussabzweigung in der Nähe der Hacienda-Cortijo Jésus del Valle und führt von dort bis zur Festung. Unterwegs speist er mehrere kleinere Kanäle, wie den Acequia del Generalife und den Acequia del Tercio, die einst die heute verschwundenen Paläste Dar al-Arusa und Alixares, die Burg der heiligen Helena sowie mehrere Wasserräder versorgten, die auf verschiedenen Niveaus platziert waren, um die Alhambra mit Frischwasser zu beliefern.

König Al-Ahmar ibn Nasr (der Begründer der Nasriden-Dynastie), der von 1232 bis 1273 Emir von Granada war, gab den Auftrag zum Bau dieses „Flusses" für die Alhambra. Bis heute trägt der Königliche Kanal maßgeblich zur lebendigen Schönheit des Palastes bei.

DIE WASSERVERSORGUNG DER ALHAMBRA ④

Wasser, das kostbare Gut

Los Albercones – Paseo de las Adelfas
958 027 900 oder 958 027 971
alhambra-management.es – information.alhambra.pag@juntadeanadalucia.es
Expertenführungen möglich (Informationen bei der Verwaltung der Alhambra)

Los Albercones nennt sich der hydraulische Komplex für die Wasserversorgung im oberen Teil der Alhambra (oberhalb des Generalife), der den Tunnel unter dem Torre de las Damas sowie verschiedene Speicherbecken und Kanäle umfasst. Auch die Becken des Acequia Real („Königlicher Kanal"), die von einem unterirdischen Kanal gespeist werden, waren für die Wasserversorgung und das Bewässerungssystem der Alhambra von entscheidender Bedeutung.

Dass diese gigantische Palastanlage auf eine kluge und umsichtige Wasserverteilung angewiesen war, dürfte vielen der Millionen von Touristen, die die Alhambra heutzutage besuchen, klar sein. Kaum einer kennt jedoch das hydraulische Netzwerk, das diesen stetigen Wasserzufluss ermöglicht. Los Albercones, oben am Paseo de las Adelfas, gehört nicht zu den üblichen Zielen der Besucher. Man kann es leicht finden, wenn man weiß, wo man danach suchen muss.

Das Wasserverteilungssystem befindet sich auf drei Niveaus, die jeweils über eigene Speicherbecken verfügen. Als es im 19. und 20. Jahrhundert erweitert wurde, kamen zwei weitere Becken hinzu. Die Wasserkanäle enden in einem Brunnen unter dem kleinen Torre de las Damas („Damenturm"), der zum Schutz für die Wasserspeicher und zur Unterbringung eines Wasserrads errichtet wurde, das Wasser aus dem Acequia Real („Königlicher Kanal") heraufbrachte.

Um den Wasserspeicher befindet sich eine Plattform aus Ziegeln. Zudem erreicht man über eine Treppe eine weitere Plattform, die einen Blick auf die Anlage bietet. Die hydraulische Baukonstruktion umfasst nicht nur den Kanal, der zwischen den Speicherbecken verläuft, sondern auch einen unterirdischen Korridor, der zu Wartungs- und Reinigungszwecken dient.

Im Mittelalter waren Besucher von der Alhambra und den dort herrschenden Lebensbedingungen überwältigt, denn sie boten einen Luxus, der im Europa der damaligen Zeit einzigartig war. Der dicht besiedelte Palastkomplex mit seinen bis zu 30.000 Einwohnern bot neben den Brunnenanlagen und den permanent bewässerten Gärten den Genuss von Wasserbecken, frischem Trinkwasser und sogar modernen Annehmlichkeiten wie Toiletten mit fließendem Wasser.

DER RUNDWEG UM DIE ALHAMBRA

⑤

Wie verteidigt man ein Wunder?

Camino de Ronda – Nasridenpaläste der Alhambra – Real de la Alhambra
958 027 971 – alhambra-patronato.es; alhambra.pag@juntadeanadalucia.es
Der Weg kann nur vier Wochen im Jahr im Rahmen des Programms „Espacio del mes" besichtigt werden; der Besuch ist im Ticketpreis für die Alhambra enthalten. Nähere Informationen auf der Website der Alhambra.

Er Camino de Ronda führt an den Brüstungs- und Verteidigungsmauern der Alhambra entlang. Ursprünglich diente dieser Rundweg dazu, die verschiedenen Teile des Palastkomplexes miteinander zu verbinden. Die gleiche Funktion kam dem Schutzgraben und dem inneren Weg zu – die Wachen nutzen sie, um schnell auf die Zinnen zu gelangen und die Paläste zu verteidigen.

Der Rundweg, der zwischen dem 13. und 14. Jahrhundert erbaut wurde, führt geschützt an den Innenmauern entlang. Er ist eines der besten Beispiele für die Verteidigungsstrukturen der Alhambra. Da der Weg derzeit renoviert wird – einige Passagen sind nur schwer zugänglich – können Besucher nur den Abschnitt zwischen dem Innenhof der Lindaraja und dem Torre de los Picos begehen. Zusammen mit der Alcazaba (eine kleine Festung innerhalb der Mauern, in der die Wachen des Emirs abgetrennt vom restlichen Palast lebten) sollte der Wehrgang die Verteidigungsanlagen zusätzlich verstärken. Die Mauern der Alhambra waren dafür legendär, lang anhaltenden Angriffen oder Belagerungen standzuhalten, und sie wurden tatsächlich niemals eingenommen. Der letzte König von Granada zog es vor, die Stadt seinen Feinden auszuhändigen, statt sie zerstören zu lassen. Er handelte die Übergabe seines Königreichs sorgfältig aus – unter der Bedingung, dass die lokale Bevölkerung ihre Traditionen beibehalten dürfe, was ein halbes Jahrhundert lang auch der Fall war. Die großen Türme entlang des Camino de Ronda wurden später hinzugefügt: Sie prägen den heutigen Palastkomplex und erhielten im Laufe der Jahrhunderte eindrucksvolle Namen. Der Rundweg verläuft unterhalb der Türme und parallel zur Verteidigungsmauer, die den Lauf der Zeit überdauert hat.

Der Feind im eigenen Haus

Die Alhambra steht auf dem Hügel *al-Sabika*, der die Stadt überragt und direkt gegenüber der antiken Stadt Garnata liegt, die sich mit ihrer eigenen Festung Alcazaba Cadima auf der anderen Seite des Flusses an den Hängen des Albaicín erstreckt. Vor Ankunft der christlichen Heere führte die Distanz zwischen den beiden Städten dazu, dass die Könige von Granada immer wieder Intrigen und Aufstände ihres eigenen Volkes befürchteten. Die Thronkämpfe zwischen den rivalisierenden Fraktionen innerhalb der Herrscherfamilie waren legendär.

IN DER UMGEBUNG

Die Geheimtreppe zum Gemach der Königin

Im Wald der Alhambra

Der Turm, der als Peinador de la Reina („Gemach der Königin“) bekannt ist und das Boudoir von Kaiserin Isabella, der Gemahlin Karls V., beherbergte, ist über eine steile, gewundene Treppe zu erreichen, die durch das Wäldchen der Alhambra führt.

Die „Geheimtreppe“, die von den Jardines del Partal (Partal-Gärten) aus zu sehen ist, wurde erst 1831 entdeckt. Sie führt durch den unteren Teil des Turms und endet an einem Treppenabsatz im Wäldchen.

DIE WANDNISCHEN DER ALHAMBRA

Wasser in allen Räumlichkeiten

Gemauerte Nischen jeweils rechts oder links von den Türen der Palasträume

Rechts oder links von den Türen der Palasträume der Alhambra befinden sich kunstvoll verzierte Wandnischen. Obwohl sie Besuchern wie reine Dekoration erscheinen, dienten sie ursprünglich zum Abstellen von Wasserkrügen, mit denen die Bewohner der Alhambra beim Betreten

oder Verlassen der Räume ihren Durst stillen konnten. Das Wasser in den Nischen wurde auch für die rituellen Waschungen verwendet – ein Reinigungsprozess, den die Muslime vor dem Gebet durchführen. Wasser war purer Luxus, den die Nachfahren der Wüstenstämme, die in Granada lebten, im Überfluss genossen, wie die zahlreichen Brunnenanlagen, Speicherbecken und Wasserkanäle zeigen, die den Palastkomplex so reizvoll machen.

Islamische Waschungsrituale

Für Muslime ist Wasser ein wesentlicher Bestandteil der Reinigung vor dem Gebet. Sie waschen ihre Hände und gurgeln, um aus den Quellen des Paradieses zu trinken. Sie waschen ihre Unterarme, die für die Kraft stehen, mit der die Welt aufgebaut ist, und sie saugen Wasser durch die Nase ein, um den Duft der Gärten aufzunehmen. Sie benetzen ihre Stirn als Quelle der Weisheit mit Wasser und reinigen ihre Ohren, die für den göttlichen Klang stehen. Schließlich waschen sie ihre Beine, die sie auf dem Weg zur göttlichen Gegenwart tragen.

DAS GEHEIME GEWÖLBE VON KARL V. ⑦

Der Raum der Geheimnisse

Palacio de Carlos V, (Palast von Karl V.)
Calle Real de la Alhambra
958 027 900 oder 958 027 971 – alhambra-management.es
informacion.alhambra.pag@juntadeanadalucia.es
Der Besuch der Krypta ist nur einmal im Jahr einen Monat lang im Rahmen des Programms „Espacio del mes“ möglich und im Ticketpreis für die Alhambra enthalten. Informationen über den betreffenden Monat finden Sie auf der Website der Alhambra.

Unter dem Palast von Karl V. befindet sich ein außergewöhnlicher Gewölbekeller: die Krypta von Karl V. oder der „Raum der Geheimnisse". Der geniale Architekt Pedro Machuca (1490–1550) hatte besonderes Vergnügen daran, dieses besondere Gewölbe zu entwerfen, das heute zu den meistbesuchten Räumen des Renaissancepalastes gehört. Die Akustik ist perfekt, um Geheimnisse auszutauschen: Flüstert jemand an einem Ende des Raums, kann man seine Worte am anderen Ende laut und deutlich hören. Dieses akustische Spiel ist nur wenigen bekannt und überrascht die Besucher immer wieder, die an einer Ecke vorbeigehen und plötzlich laut und deutlich Stimmen vernehmen, die von ganz woanders herkommen. Dem Überraschungsmoment folgt meist ein Lächeln, denn schnell haben die Besucher verstanden, dass jemand in die Wand auf der anderen Seite des achteckigen Raums flüstert oder in eine der Ecken spricht, die wie eine Art mittelalterliches Telefon oder eine Gegensprechanlage funktionieren.

Die Geheimgänge unter dem Palast von Karl V.

Um dafür zu sorgen, dass zwischen seinem Palast und den benachbarten Nasridenpalästen stets eine gute Verbindung bestand, ließ Kaiser Karl V. ein unterirdisches System aus Gängen anlegen.

Der Bau dieser Passagen erforderte den Abriss einiger Bereiche der Nasridenpaläste, zeigt aber auch das große Interesse des Kaisers, die Paläste in enger Verbindung zu halten. Karl V. wohnte im Laufe seines Lebens in unterschiedlichen Räumen der Alhambra.

Der Korridor, der zum „Raum der Geheimnisse" führt, hat einige Lücken in den dicken Mauern – Fensteröffnungen, die den Blick auf den Innenhof freigeben.

Der Mexuar-Saal vereinigt zwei unterschiedliche Architekturstile und zwei Weltanschauungen, denn der einstige Gerichtssaal wurde unter Karl V. in eine Kapelle umgewandelt.

GEHEIME SYMBOLE AM LÖWENBRUNNEN

⑧

Die Zwölf Löwen und die zwölf Stämme Israels ...

Palacio de los Leones („Löwenpalast") – Alhambra

Im Innenhof des Löwenpalastes, der 1377 von Muhammad V. (dem Sohn von Yusuf I.) in der Alhambra errichtet wurde, befindet sich der berühmte Löwenbrunnen. Diese Brunnenanlage repräsentiert die kosmologische Symbolik der zwölf Throne oder Feuerlöwen – die höchste der zwölf spirituellen Ebenen.

Die zwölf Löwen, die im 11. Jahrhundert geschaffen wurden, stehen in der anthropogenen Symbolik (der Lehre vom Ursprung der menschlichen Spezies) für die zwölf Stämme Israels, bevor sie sich in Juden und Araber aufspalteten. Abraham verkörpert also den Schnittpunkt zwischen der jüdischen und islamischen Theologie und stellt die Verbindung zwischen den mystischen Traditionen dieser beiden Religionen dar – dem Sufismus und der Kabbala, welche die zwölf Stämme Israels mit einer esoterischen Bedeutung erfüllen. Die zwölf Brunnenfiguren stehen jedoch auch für die zwölf Tierkreiszeichen, deren zentrale Sonne durch den Löwen symbolisiert wird, der die Erleuchtung des menschlichen und spirituellen Lebens veranschaulicht. Im jüdischen Glauben steht dieser auch für das höchste Reich des von Gott auserwählten Volkes, wie es dem Patriarchen Abraham von Gott gegeben wurde. Zwei der Löwen tragen ein dreieckiges Symbol auf der Stirn, das auf die beiden Stämme Juda und Levi hinweist.

Nach neuesten Untersuchungen stammen die Löwenskulpturen aus dem Haus des jüdischen Großwesirs Yusuf Ibn Naghrela, dem vorgeworfen wurde, einen größeren Palast als den des Kalifen bauen zu wollen.

Die Legende des Talismans vom Löwenhof

Die Legende vom Löwenhof erzählt von einer arabischen Prinzessin namens Zaira, die einst in der Alhambra lebte.

Die Prinzessin liebte Granada und lebte gern in der Alhambra, doch ihr Vater verabscheute die Stadt und den Palast. Er fühlte sich als Afrikaner, sie als Andalusierin. Der Vater verbot ihr, den Palast zu verlassen, und so verbrachte Zaira die meiste Zeit allein im Löwenhof und trug dabei stets einen Talisman um den Hals. Eines Tages wurde sie von einem schönen, jungen Mann überrascht, der über die Palastmauer sprang und ihr eröffnete, er habe sie von weitem gesehen und sich unsterblich in sie verliebt. Erschrocken bat sie den jungen Mann mit Namen Artus, zu gehen, da ihr Vater oder einer seiner elf engsten Getreuen jeden Moment kommen könnten und ihm mit Sicherheit den Kopf abschlagen würden. Der junge Mann ging, versprach aber, wiederzukommen.

Als er zurückkehrte, entdeckte ihn der König und warf ihn in den Kerker. Prinzessin Zaira suchte die Gemächer ihres Vaters auf, um ihn um Gnade zu bitten. Sie fand ihn nicht vor, sah aber die persönlichen Aufzeichnungen ihres Vaters auf dem Tisch liegen. Darin las sie, dass der Talisman, den sie um ihren Hals trug, in Wahrheit unter einem bösen Fluch stand, den ihre Mutter ausgesprochen hatte, kurz bevor sie von ihrem Mann in den Tod geschickt wurde. Dieser Fluch galt dem König und seinen elf Getreuen. Zaira ließ darauf den König und seine elf Krieger in den Hof rufen, in dem sie ihre Zeit zu verbringen pflegte, und fragte ihren Vater nach dem Fluch. Der König antwortete, es sei tatsächlich wahr. Doch Zaira erinnerte ihn daran, was ihre unglückliche Mutter vorausgesagt hatte: An dem Tag, an dem ihre Tochter Zaira die Wahrheit erführe, würde dem Vater und seinen Getreuen etwas Schreckliches zustoßen. Sie spürte, wie der Talisman um ihren Hals an Kraft gewann. Plötzlich verwandelten sich der König samt seiner elf Männer unter schaurigem Löwengebrüll in zwölf steinerne Löwen, die von nun an den Brunnen umgeben. Seit diesem Tag wird der Hof „Löwenhof" genannt. Zaira befreite Artus und sie lebten glücklich bis ans Ende ihrer Tage.

Die mystische Symbolik der Alhambra

Die arabischen Familien Zirí und Nasrid (deren Vorfahren direkte Nachfahren der Ansar von Medina, der Gefährten des Propheten Muhammad, waren) zogen in die Alhambra und schufen dort ein Zentrum der Kultur und Wissenschaft, das den gesamten Süden der Iberischen Halbinsel dominierte. Ein großer Teil des hermetischen, alchemistischen und mystischen Wissens der islamischen Intellektuellen, das hier kursierte, kommt in der Dekoration der Alhambra zum Ausdruck und offenbart eine künstlerische Fülle, die auf der sakralen islamischen Architektur basiert. Der älteste Teil des Palastkomplexes der Alhambra ist die Alcazaba, die das Zentrum der Verteidigungskraft und Wehrhaftigkeit der Festungsanlagen darstellte. Hier lebten einst die *Marabout* (Kriegermönche), von denen einige aufgrund ihrer tiefen Kenntnis des Glaubens den Status von Heiligen erlangten. Dieser islamische Ritterorden widmete sich den esoterischen Künsten und traf sich an geheimen Orten innerhalb der Alcazaba, die aus einem Labyrinth von Gängen bestand. Dieser unterirdische Bereich der Alcazaba ist so weitläufig, dass man sich dort leicht verirren kann. So erging es im November 1878 auch einem deutschen Besucher: Er war acht Tage lang verschollen, bis die Wächter seine Schreie hörten und ihn vor dem sicheren Tod retteten. Einer Volkslegende zufolge wurden die unterirdischen Höhlen nachts bei Fackelschein erbaut. Das Erbe des hermetischen Wissens (und der daraus resultierenden spirituellen Kräfte) wurde vom Meister an die Schüler weitergegeben. Diese Weitergabe von Wissen unter Eingeweihten wird als *baraka* bezeichnet und geht auf die Sufis zurück. Es betont die Bedeutung des spirituellen Wissens, das zur Vereinigung mit Gott führt. Der Palast des Comares-Turms, der Teil der Alhambra ist, beherbergt den Sala de la Barca („Barkesaal"), dessen Name sich von *baraka* ableitet. Auch der alte Thronsaal der Alhambra steckt voller mystischer Symbole, ebenso wie der gewölbte Säulengang des Salón de los Embajadores („Saal der Botschafter"), in dem die Nasriden-Kalifen Delegationen aus anderen Königreichen empfingen. Die Besucher waren stets erstaunt über die Schönheit des Saals, dessen Wände farbenprächtig bemalt und mit kunstvollen Stuckarbeiten verziert waren, die u. a. das Wappen der Nasriden enthielten und arabische Inschriften wie das Wort „Segen" und das Motto des nasridischen Königreichs „Nur Gott ist siegreich". Das Holzdach mit dem zentralen Stern (Venus) repräsentiert das Auge Allahs, um das die Gestirne kreisen. Die Kuppel stellt den Himmel anhand der kosmischen Symbolik der Sieben Himmel dar, die im Koran (Sure 2:29 und Sure 23:86) erwähnt werden. Sie ist weit mehr als nur ein reines Dekorationselement: Das Ziel bestand darin, die himmlischen Energien, die von der Kuppel repräsentiert wurden, unter das bemalte Dach auf die Erde zu holen. Direkt über dem königlichen Thron und auf ihn ausgerichtet steht die Koransure *Die Morgendämmerung*, die den König vor Neid schützen sollte. Unter der himmlischen Kuppel des Saals ist die Sure *Die Herrschaft* abgebildet, die Allah als den Schöpfer präsentiert und die Gläubigen dazu auffordert, die Schöpfung durch die Meditation zu betrachten. Diese kosmische Symbolik wiederholt sich im Patio de la Alberca und im Patio de los Arrayanes („Myrtenhof"), dessen sieben Tore den sieben Stufen des Paradieses entsprechen: *al-firdaus* (die höchste Stufe), *dschannat 'adn*, *dschannat an-na'im*, *dschannat al-ma'wa*, *dar al-salam*, *dar al-dschalal* und *dar al-maqam*. Es gibt auch einen „Achten Himmel" (*dar al-chuld*): Er stellt die unterste Region dar, die alle anderen widerspiegelt, dargestellt durch ein riesiges Wasserbecken im Innenhof. Das islamische Konzept der Sieben Himmel ist direkt von der Theologie der jüdischen Kabbala inspiriert, die den Himmeln die Namen *Araboth* (die höchste Stufe), *Machón* (1. Buch der Könige 7,30; Deuteronomium 28,12), *Ma'on* (Deuteronomium 26,15; Psalmen 42,9), *Zebul* (Jesaja 63,15; 1. Buch der Könige 8,13), *Shehaqim* (Psalmen 78,23), *Raki'a* (1. Buch Mose 1,17) und *Vilon* (Jesaja 40,22) gibt. Es existiert auch eine achte Region namens *Scheol* (1. Buch Mose 37,35). Auf diese Weise betrachtet, sieht der Besucher, nachdem er im Thronsaal die himmlische Energie aus der Kuppel empfangen hat, wie sich der Korridor symbolisch zu den Sieben Himmeln und zum Paradies hin öffnet. Die kosmische Bedeutung des göttlichen Universums, das von dem Höchsten Wesen – Allah/Gott – gelenkt wird, taucht wieder auf in den mozarabischen Gewölben der Sala de las Dos Hermanas („Saal der zwei Schwestern") und den Gewölben des Abencerrajes-Saals–immer mit dem arabischen Motto: „Nur Gott ist siegreich!". Diese Worte haben dieselbe Bedeutung wie Psalm 115 der Bibel: „Nicht uns, Herr, nicht uns – nein, deinen Namen bringe zu Ehren!"

DER KÖNIGLICHE FRIEDHOF ⑨

Das Geheimnis der leeren Gräber

Jardines del Partal (Partal-Gärten)

Die Überreste des königlichen Friedhofs der Alhambra – Rawda Real (*rawda* bedeutet auf Arabisch „Friedhof") – existieren auch heute noch. Der Friedhof wurde zerstört, als Karl V. 1574 die Arbeiten an seinem Palast weiterführen ließ. Doch vier Stelen eines kleinen Heiligtums und einige leere Gräber blieben erhalten. Um diese zu schützen, bedeckte man die Grabnischen mit Basaltplatten mit maurischen Kalligrafien, die sich heute im Museum der Alhambra befinden. Über die Toten, die einst in den 65 Gräbern des Friedhofs bestattet waren, ist nichts weiter bekannt, da die Königliche Rauda der Alhambra 1926 leer aufgefunden wurde – ähnlich wie ein geplündertes Pharaonengrab. Leopoldo Towers Balbás, der Restaurator der Alhambra, entdeckte jedoch drei Skelette, die in Leichentücher mit arabischen Inschriften gehüllt waren, was auf die adlige Abstammung der dort Bestatteten hinweist. Er versuchte, weitere Überreste von in der Nasridenzeit bestatteten Toten zu finden, die – soweit wir wissen – von Boabdil, dem letzten Nasridenherrscher, in die Moschee des nahe gelegenen Dorfes Mondújar gebracht worden waren (siehe unten). Was man heute noch auf dem Friedhof vorfindet, sind einige trapezförmige Gräber, die aus Ziegeln bestehen und mit Mörtel bedeckt sind (an der schmaleren Spitze befanden sich die Füße des Toten). Die Verstorbenen wurden auf der rechten Seite liegend bestattet, damit sie nach Südosten Richtung Mekka blickten. Viele Legenden erzählen davon, dass die verstorbenen Könige an diesem Ort noch nach ihrem Tod umherwandelten.

Das letzte Exil der Nasriden

Dokumente belegen, dass Boabdil von König Ferdinand und Königin Isabella die Erlaubnis erhielt, die sterblichen Überreste seiner Vorfahren in das Dorf Mondújar, etwa 30 Kilometer außerhalb von Granada, zu bringen. Boabdil kehrte ein Jahr später erneut dorthin zurück, um seine Frau Moraima zu bestatten. Andere Quellen behaupten, dass Boabdil die Leichen erneut exhumieren ließ, um sie in seinem zweiten und letzten Exil in Fès (Marokko) oder Telemecén (Algerien) bestatten zu lassen. Die wahren Königsgräber wurden niemals gefunden, obwohl man in den 1990er-Jahren sterbliche Überreste beim Bau einer Autobahn bei Mondújar entdeckte. Der Verbleib der Gräber bleibt weiterhin ein Rätsel.

DAS ERSTE GRAB DER ISABELLA VON KASTILIEN ⑩

Die Königin, die zweimal bestattet wurde

Parador de San Francisco, Innenhof
Calle Real de la Alhambra
Jardines del Partal (Partal-Gärten)
958 221 440
Tägl. 10–22 Uhr

Bis 1521 befand sich in dem alten Franziskanerkloster der Alhambra, in dem heute der Parador San Francisco untergebracht ist, die erste Grablege von Königin Isabella I. von Kastilien. Sie wurde 1504 vorläufig dort bestattet, da die Krypta der königlichen Kapelle – in der die sterblichen Überreste ihres Mannes beigesetzt werden sollten – noch nicht fertiggestellt war. Damit ging ihr ausdrücklicher Wunsch in Erfüllung, für immer in Granada zu bleiben, der Stadt, die sie mehr als ihr eigenes Leben liebte, wie sie einst schrieb. Nach der Verlegung ihres Grabes wurde eine Gedenktafel für Isabella angebracht, die bis zu ihrem Tod äußerst gläubig und sehr fromm war (siehe unten). Im Innenhof des Klosters ist in den Boden die Inschrift „Königin Isabella die Katholische wurde hier beigesetzt" eingelassen.

Das Kloster San Francisco, das Königin Isabella 1492 auf den Ruinen eines Nasridenpalast errichten ließ, war noch in einem überraschend intakten Zustand, als es von den Franziskanermönchen verlassen wurde und Graf de las Infantas und Antonio Gallego y Burín, zwei der berühmtesten Bürger Granadas, das Gebäude in einen *parador nacional* (staatliches Gasthaus) umwandelten. Auch heute noch sind zahlreiche der alten mozarabischen Elemente erhalten, wie die Zisterne und die wunderschönen Gärten, die einen einzigartigen Blick auf die Alhambra bieten.

Das Begräbnis von Isabella I. von Kastilien

Nach dreißigjähriger Regentschaft starb Isabella I. von Kastilien am 26. November 1504 im Alter von 53 Jahren in ihrem Palast in Medina del Campo. Die katholische Königin ehrte ihren Glauben: Als sich ihr Geleitzug auf den Weg zu ihrem Begräbnis nach Granada machte, war die tote Königin – entsprechend dem königlichen Befehl, den sie am 12. Oktober 1504 erteilt hatte – in ein einfaches franziskanisches Gewand gehüllt und in einem bescheidenen Ledersarg aufgebahrt. Ihre letzte Reise dauerte 21 Tage. In ganz Granada wurden Glocken geläutet, während der königliche Sarg durch die Puerta de Elvira getragen wurde, wo Graf von Tendilla, Erzbischof Fray Hernando de Talavera und weitere Würdenträger der Stadt seine Ankunft erwarteten – umringt von schwarz gekleideten Trauergästen, die brennende Kerzen trugen. Der Trauerzug zog durch die Stadt bis zur Alhambra. Im Altarraum des Klosters wurde die Königin „unter dem Boden" in einem Grab beigesetzt, das durch eine Tafel mit einer schlichten Inschrift zu ihren Ehren gekennzeichnet war. Einige Zeit später überführte man ihren Leichnam in die Capilla Real.

DIE SPEICHERSILOS DES GENERALIFE

(11)

Verliese für gefangene Christen

Secano del Generalife – Zugang über die Kasse am Haupteingang der Alhambra
Besichtigung im Eintrittspreis für die Alhambra inbegriffen

Die Kerker der Alhambra bergen die Erinnerung an das Leid zahlreicher Christen, die dort jahrelang in alten, umfunktionierten Getreidesilos gefangen gehalten wurden.

Viele dieser Silos liegen außerhalb der Festungsanlagen, aber einige bis zu sieben Meter hohe Speicher befinden sich auf der Esplanade des Generalife. Ursprünglich wurden diese zylinderförmigen Konstruktionen

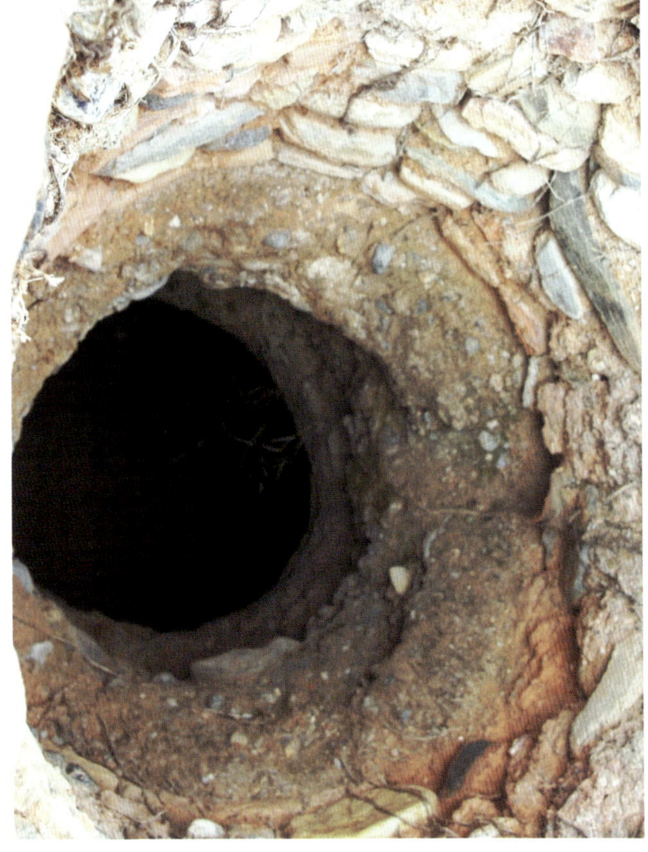

in den Kellergeschossen der Alhambra zur Lagerung von Getreide, Gewürzen und anderen Nahrungsmitteln genutzt. Später verwendete man sie als Kerker. Kaum jemand weiß, dass sie in der Maurenzeit solch makabren Zwecken dienten. Im Querschnitt kann man die spezielle Form dieser Silos, die einer Flasche oder einer Glocke gleicht, gut erkennen. Die Silos haben zumeist einen Durchmesser von acht Metern und sind in kleine quadratische Kompartimente unterteilt, die als »Zellen« dienten, in denen die Gefangenen auf steinernen Bänken lagen. Licht fällt nur durch eine einzige Öffnung in das Verlies. Im Boden des Silos befand sich eine Öffnung, durch die die menschlichen Ausscheidungen gespült wurden. Tagsüber führte man die Gefangenen an Seilen nach draußen, wo sie als Sklaven am Bau der Festungsanlagen mitarbeiteten. Nachts kehrten sie in ihr Gefängnis zurück. Sie konnten es nur verlassen, wenn ihre Familien ein Lösegeld zahlten. Diese Einkünfte waren eine wichtige Einnahmequelle für die Nasridendynastie. In den Silos konnten bis zu 200 Gefangene untergebracht werden. Als die Alhambra Ende des 15. Jahrhunderts an die christlichen Truppen der Reconquista fiel, befanden sich in den Silos insgesamt 7.000 Gefangene.

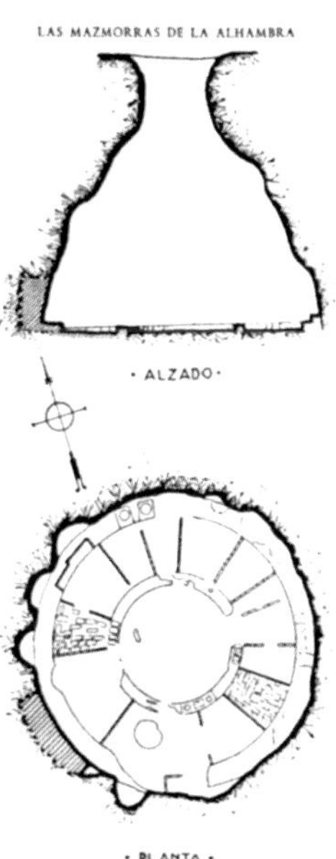

Die Legende vom verborgenen Schatz

Schriftsteller wie Washington Irving (siehe S. 134) und Serafín Estébanez Calderón (1799–1867) berichten davon, dass Boabdil seine Reichtümer aus dem Versteck im Torre de los Siete Suelos (Turm der Sieben Stockwerke) zusammentrug, bevor er die Alhambra nach der Übergabe verließ. Er soll damals einen Soldaten zum ewigen Wächter des Schatzes abgestellt haben, und ein Magier soll den Schatz mit einem Zauber belegt haben, sodass er unsichtbar für die Christen wurde. Den unglücklichen Soldaten machte Boabdil damit zu einem Gefangenen. Doch König Ferdinand war gnädig und erlaubte dem Soldaten, die Alhambra alle drei Jahre zu verlassen. In dieser Zeit konnte der Soldat nach jemandem suchen, der ihn loskaufte – dabei mussten ihn eine christliche Prinzessin begleiten und ein fastender Priester, der einen Korb mit Süßigkeiten bei sich trug (die unterwegs nicht verzehrt werden durften).

MUSLIMISCHE GRABTAFELN AN DEN MAUERN DER ALHAMBRA ⑫

Eine makabre Demütigung der Besiegten

Puerta de la Justicia („Tor der Gerechtigkeit")
Plaza de los Aljibes
Eintritt frei

Im gemauerten Durchgang zwischen dem Tor der Gerechtigkeit und der Plaza de los Aljibes erkennt man bei genauem Hinsehen in mittlerer Höhe einige Mauersteine, die sich durch ihre hellerer Farbe und das filigrane Muster auf ihrer Oberfläche abheben. Die länglichen Mauerabschnitte sind aus Malahá-Stein gehauen und zum Teil mit arabischen Inschriften verziert. Es handelt sich dabei um *maqabriyas* (arabische Grabtafeln), die von den christlichen Herrschern der Alhambra nach der Reconquista für den Bau von Mauern verwendet wurden. Die mit den Bauarbeiten beauftragten *alarifes* (Architekten) und Steinmetze setzten arabische Gefangene als Arbeiter ein. Um ihnen

ihr Los noch zu erschweren, wurden sie gezwungen, die Grabtafeln ihrer Angehörigen aus dem muslimischen Friedhof zu entfernen, um sie in die Mauern einzubauen – eine schreckliche Demütigung, die in der Zeit nach der Reconquista, als zahlreiche arabische Bauwerke wiederaufgebaut wurden, gängige Praxis in Granada war. Als Steinmetze wurden oft Einheimische eingesetzt, da sie erfahrene Baumeister waren.

Es gibt in den Festungsanlagen der Alhambra viele weitere Beispiele für die Wiederverwendung von muslimischen Grabtafeln als Baumaterial, wie zum Beispiel den Fußboden des Patio de los Arrayanes („Myrtenhofs"), der jedoch bei den Restaurierungsarbeiten von Rafael Contreras durch Marmorplatten ersetzt wurde. An anderen Orten in Granada – in der Kirche San Cristóbal im Albaicín und im Kloster San Jerónimo –, wurden Grabtafeln aus dem Friedhof an der Puerta Elvira (dem größten Friedhof der Stadt) verbaut.

EIN DENKMAL FÜR WASHINGTON IRVING

13

Der Amerikaner, der die Alhambra verewigte

Im Wäldchen der Alhambra

Fünfzig Jahre nach dem Tod des Schriftstellers Washington Irving (1783–1859) ließ die Palastverwaltung ihm zu Ehren eine Bronzeskulptur im Wäldchen der Alhambra errichten. Sie stellt den romantischen Reisenden, der die Schönheit der Alhambra pries, ganz im Bann seines „andalusischen Traums“ dar.

Die Statue von dem Künstler Julio López, die den Reiseschriftsteller mit seinen Arbeitsgeräten zeigt, befindet sich auf dem steilen Hügel zwischen der Plaza Nueva und der Puerta de las Granadas.

Das Vermächtnis des „Sohnes der Alhambra“ (wie er auf dem Sockel der Statue beschrieben wird) besteht aus den großartigen Geschichten, die er über Banditen, die Tänze und Lieder, das orientalische Flair der Moschee von Córdoba, die unvergleichliche Schönheit der Alhambra sowie den Giralda-Turm und den Alcázar von Sevilla schrieb.

Washinton Irving

Der 1783 in New York geborene Schriftsteller Washington Irving, der einen großen Teil seines Lebens in Europa verbrachte, gelangte auf Einladung des russischen Konsuls nach Granada, wo er eine kurze, aber intensive Zeit erlebte und die Wurzeln der arabischen Seele Spaniens erforschte.

Der Schriftsteller traf im Februar 1826 in Spanien ein, inspiriert von Alexander Everett, einem kultivierten amerikanischen Diplomaten, der Botschafter am spanischen Hof und ein Bewunderer von Christoph Kolumbus war. Irving hatte ursprünglich vor, die transatlantischen Heldentaten des Entdeckers Kolumbus zu erforschen. Er blieb bis zum 23. August 1929 in Andalusien, um im Archivo General de Indias des spanischen Staates in Sevilla zu arbeiten.

Als produktiver Schriftsteller und unermüdlicher Reisender hat Irving Washington viele Kurzgeschichten und Legenden verfasst, wie *Tales of the Alhambra*, eine Reihe von Erzählungen, die bald schon zahlreiche Touristen aus aller Welt nach Granada lockten.

Als er Granada besuchte, war die Alhambra teils verfallen und baufällig und von einfachen Leuten bewohnt. Diese Einheimischen, die Hüter der Alhambra, erzählten Irving ihre Legenden des Palastes, und der Schriftsteller schrieb diese Geschichten für die Ewigkeit nieder – in einem historischen und fantastischen Stil, wie er ihn dem spanischen Volk als Erben der muslimischen Vergangenheit der Halbinsel zuschrieb.

DIE LEGENDE VOM SCHLÜSSEL UND DER HAND AM TOR DER GERECHTIGKEIT ⑭

„Wenn die Hand den Schlüssel ergreift, wird Granada wieder muslimisch sein“

Puerta de la Justicia („Tor der Gerechtigkeit“) – Eintritt frei

In den Bogen des „Tors der Gerechtigkeit" sind rechts und links auf gleicher Höhe ein Schlüssel und eine Hand eingemeißelt. Der Schlüssel wird mit der Legende eines arabischen Magiers und Astrologen in Verbindung gebracht. Dieser soll mit dem Knauf seines Zauberstabs auf den Schlüssel geschlagen haben und anschließend mit einer liebreizenden Sklavin, die herrlich singen und auf der Harfe spielen konnte, von der Erde verschluckt worden sein. Die Sklavin steht als Symbol für die Alhambra, deren Schönheit jeden in ihren Bann zieht. Der Magier steht für die Wissenschaft der Hermetik. Der Schlüssel wiederum symbolisiert ebenfalls die Alhambra, denn er steht für den Glauben, der dem Propheten Muhammad die gottgegebene Kraft verlieh, den Islam. Die Hand ist wahrscheinlich die berühmte „Hand der Fatima": Ihre fünf Finger stellen die fünf Säulen des Islam sowie die fünf täglichen Gebete der Gläubigen dar.

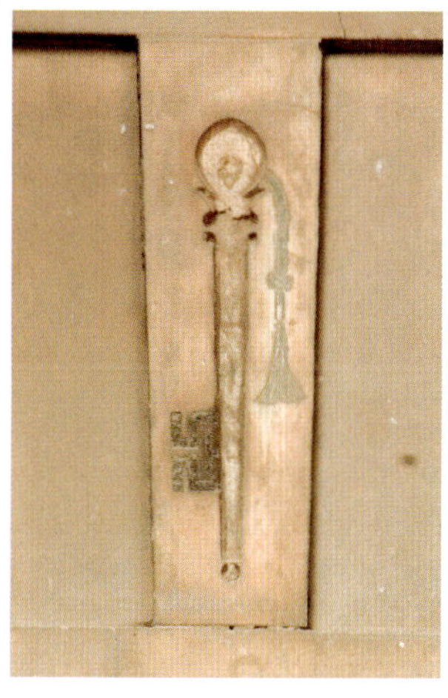

Das Tor der Gerechtigkeit

Der Legende nach war die Puerta de la Justicia so fest erbaut, dass sie niemals durchbrochen werden konnte, sollte die Alhambra auch von Tausenden feindlichen Armeen belagert werden. Würden sich jedoch jemals der Schlüssel und die Hand im Bogen dieses Tors berühren, dann sei das Ende der Welt gekommen. Es wird erzählt, dass die im Bogen eingemeißelte Hand von keinem berittenen Soldaten mit einer Lanze beschädigt werden konnte. Die Verfechter dieser Behauptung waren so fest davon überzeugt, dass sie erklärten, derjenige, dem dies gelänge, würde den Thron der Alhambra erobern.

EINE BRUNNENANLAGE MIT KOMPLEXER SYMBOLIK

15

Karl V. und die Hermetik

Neben der Puerta de la Justicia („Tor der Gerechtigkeit")
Wald der Alhambra

Gleich neben der Puerta de la Justicia, an einer Mauer aus dem Jahr 1568, die zu den Verteidigungsanlagen der Alhambra gehört, steht der Pilar de Carlos V, der im 17. Jahrhundert unter dem Namen Pilar de las Cornetas bekannt war. Der Entwurf für diese ungewöhnliche Brunnenanlage, die Karl V. in Auftrag gab, stammt von dem Architekten Pedro Machuca aus Granada, die Bildhauerarbeiten fertigte der mailändische Künstler Niccolo da Corte an. 1624 wurde die Anlage anlässlich eines Besuchs von König Philipp IV. von dem einheimischen Bildhauer Alonso de Mena restauriert. Das Bauwerk enthält verschiedene Symbole aus der Alchemie, einer Wissenschaft, die der portugiesische König Manuel I. mit großem Interesse praktizierte – woraus sich der Begriff »Manuelinische Hermetik« entwickelte. Manuel I. war der Vater

von Isabella von Portugal (der Ehefrau Karls V.). Er übte wahrscheinlich einen starken Einfluss auf seinen Schwiegersohn aus, und gab sein esoterisches Wissen an den Hof von Granada weiter.

Der erste Teil der Anlage besteht aus drei Abschnitten, die durch Wandpfeiler voneinander separiert sind. Die Front der Pfeiler schmücken Reliefs mit Granatapfelzweigen und dem Wappen des Grafen von Tendilla, der das Bauwerk stiftete.

Im Alten Testament wird der Granatapfel an 13 Stellen erwähnt – die Bibel beschreibt die Frucht aufgrund ihres blutroten Saftes und ihrer zahlreichen Samenkerne immer wieder als lebensspendendes Symbol. König Salomon hielt den Granatapfel für die Frucht der Liebe, personifiziert durch die Königin von Saba. In der mittleren Zone des Pilar de Carlos V befinden sich drei große maskierte Köpfe, die mit Weizengarben, Blumenranken und Fruchtgirlanden bekränzt sind. Sie stellen die Jahreszeiten dar, symbolisiert durch die drei Flüsse Granadas: der Sommer steht für den Darro, der Frühling für den Beiro und der Herbst für den Genil. Die Alchemisten setzten die Jahreszeiten mit den drei Stufen des *Opus Magnum* gleich: das Schwarze Werk (Anfangsstufe) steht für den Herbst, das Weiße Werk (Zwischenstufe) für den Frühling, und das Rote Werk (Endstufe) für den Sommer.

In der Mitte des Bauwerks sind die Worte *Imperatori Caesari Karolo quinto Hispaniarum regí* (Kaiser Caesar, Karl V., König von Spanien) in den Stein gemeißelt. Da er der Kaiser des Heiligen Römischen Reiches war, wurde Karl V. in Anlehnung an die antiken Kaiser auch Caesar (oder Caesar Karl) genannt. Der Schriftzug wird flankiert von den Wappen der Herzogtümer Burgund und Lothringen. Sie enthalten die zwei Säulen des Herakles und zwei gekreuzte Zweige, die den Orden vom Goldenen Vlies (siehe S. 142) symbolisieren, dem der Monarch angehörte.

Die gekreuzten Zweige stehen in der alchemistischen Symbolik für den Dampf des Merkurialwassers bzw. den Punkt, an dem Gold im Destillationsprozess in den flüssigen Zustand übergeht. Dieser Prozess steht für die endgültige Eroberung der hermetischen Welt – wenn der

Alchemist den Zustand der Erleuchtung erreicht und zum Herrscher der Natur (*Natura Imperator*) wird.

Die „Säulen des Herkules" sind eine Metapher: Einige Alchemisten betrachten sie als den letzten Schritt auf dem Weg des *Opus Magnum* der Alchemie, das den Stein der Weisen hervorbringt, der gleichbedeutend ist mit spiritueller Vollendung.

Auf den Seiten der Anlage stehen zwei Engel, die jeweils einen Wasser speienden Delfin tragen. Darunter sind zwei weitere Engel dargestellt, die Wasser aus Schnecken gießen. Der Delfin ist in der Alchemie traditionelles Symbol für den Stein der Weisen, der wie der Dampf des Merkurialwassers aus dem Wasser des Lebens aufsteigt. Die Schnecke gilt als Hinweis auf den Urton (das „Wort"), der den Beginn der Schöpfung markiert, so, wie das Johannesevangelium mit den Worten beginnt: „Im Anfang war das Wort, und das Wort war bei Gott, und Gott war das Wort ..."

Den Abschluss des Monuments bildet das kaiserliche Wappenschild, auf dem der Doppeladler des Herrscherhauses Habsburg und die schmückende Devise *plus ultra* („darüber hinaus", „immer weiter") abgebildet sind – ein Hinweis auf das riesengroße Reich des Monarchen, das sich fast über ganz Europa erstreckte. In diesem Kontext betrachtet lässt sich das Motto *plus ultra* sogar als „über das menschliche Verständnis hinausgehend" interpretieren – eine Vorstellung, die durch den Cherub (Engel) am oberen Rand des Bauwerks verstärkt wird.

Die Wand, vor der die Anlage steht, enthält vier Reliefmedaillons: Das erste stellt Herkules dar, der die Hydra tötet (eine Anspielung auf die Glaubenstreue des Kaisers, der über die Ungläubigen siegte). Das zweite Medaillon zeigt die Schwestern Frixo und Helle, die rittlings auf einem Widder die Meerenge von Hellespont (Straße der Dardanellen) überqueren (eine Anspielung auf die Legende der Gründung des Ordens vom Goldenen Vlies) und das dritte Medaillon stellt Daphne dar, gefolgt von Apollo (als Hinweis auf das Sonnenreich Karls V.), wobei Apollo die Sonne und Daphne die Tochter von Gaia (der Erde) repräsentieren. Ein viertes Medaillonrelief zeigt Alexander den Großen, der fast die gesamte antike Welt beherrschte – vergleichbar mit Karl V., dem Kaiser der europäischen Renaissance.

Der Orden vom Goldenen Vlies

Laut René Alleau (einem Historiker der esoterischen Tradition) bestand die Bestimmung des Ordens vom Goldenen Vlies darin, die ursprünglichen Verbindungen zwischen Ost und West wiederherzustellen, die durch den Templerorden zerstört worden waren. Einige der belgischen und französischen Adligen, die den Orden im 15. Jahrhundert aufbauten, hatten enge Beziehungen zum Orden der Tempelritter, der 1312 aufgelöst wurde. In der Ordensverfassung heißt es außerdem, der Orden solle „die alten Ritter ehren, deren edle Taten der Anerkennung würdig sind", was als ein versteckter Hinweis auf die alten Tempelritter gesehen werden könnte. Am 10. Januar 1429 gründete Philipp III. („der Gute"), Herzog von Burgund, anlässlich seiner Hochzeit mit Prinzessin Isabella von Portugal, Tochter von König Johann I., den Ritterorden vom Goldenen Vlies „zu Ehren der Jungfrau Maria und des Apostels Andreas". Die feierliche Zeremonie fand in der Heilig-Blut-Basilika im Belgischen Brügge statt. Dem Historiker Baron Reinffenberg zufolge lief „ein lebendiges Schaf, das blau angemalt war, und dessen Hörner mit Goldfäden überzogen waren", unter den Gästen umher. Dieses Schaf symbolisierte das „Lamm Gottes" – also Jesus Christus.

Der Orden trat 22 Mal zusammen, bevor er sich allmählich in seine heutige Form als „Ehrenorden ohne besondere spirituelle Riten oder Initiationsriten" umwandelte. Diese Entwicklung begann mit dem Tod von König Karl II. von Spanien (1661–1700) und dem Spanischen Erbfolgekrieg. Infolge dieser Ereignisse wurde der Orden zweigeteilt: in einen spanischen Zweig und einen österreichischen Zweig, die beide eine historische Legitimation beanspruchten. Der ehemalige König Albert II. von Belgien ist ein seltenes Beispiel für einen Ritter, der beiden Ordenszweigen angehörte.

Der Orden vom Goldenen Vlies folgte ursprünglich der hermetischen Tradition – vor allem der Alchemie, die auf dem griechischen Mythos von Iason dem Argonauten basiert, der von dem geflügelten Widder das goldene Vlies (Fell) erhielt. Laut Homers Bericht aus dem 13. Jahrhundert vor Christus wurde das goldene Vlies an einer heiligen Eiche in den Bergen des südlichen Kaukasus gefunden. Das von Iason geschorene Vlies steht für die Suche nach geistigem Reichtum und göttlicher Weisheit. Iason verkörpert den Alchemisten, der in der Lage ist, den Stein der Weisen zu erschaffen, heißt, er ist die Inkarnation des erleuchteten, weisen Menschen. Der Mythos von der Gründung des Ordens vom Goldenen Vlies wird mit dem Apostel Andreas assoziiert, der auch als der Schutzheilige der Alchemisten gilt. Er wird oft mit Maria, die die Urmaterie *(prima materia)* symbolisiert, und Christus, der den Stein der Weisen repräsentiert, in Verbindung gebracht.

In der byzantinischen Enzyklopädie, der *Suda* aus dem 10. Jahrhundert, findet sich eine Definition der Alchemie des Iason, und in Deutschland verfasste Ehrd de Naxagoras 1730 eine Abhandlung über die Alchemie mit dem Titel *Güldenes Vließ*. Einige Jahre später, 1749, veröffentlichte Hermann Fictuld eine Abhandlung über die Alchemie mit demselben Titel. Er legte die alchemistische Symbolik der Reisen Iasons präzise und systematisch dar und analysiert den Inhalt sowie die hermetische Bedeutung des Ordens vom Goldenen Vlies. Cornelius Agrippa von Nettesheim (1486–1535) zufolge schuf Philipp der Gute den Orden vom Goldenen Vlies, um die Geheimnisse der Alchemie in Ehren zu halten. Fictuld analysierte die Symbolik aller Rituale, die für die Zeremonien des Ordens vorgeschrieben waren, und untermauerte damit Agrippas Ausführungen. Am ersten Tag des Ordensfestes, der Feier des Generalkapitels, besuchten die Ritter den Herrscher ganz in Purpur (der Farbe der Spiritualität) und Gold gekleidet. Gold steht für das „Gelbe Werk" (lateinisch: *citrinitas*) und die Bekräftigung der spirituellen und geistigen Würde. Am zweiten Tag, dem Fest des heiligen Andreas, trugen sie Schwarz, was das „Schwarze Werk" (*nigredo*) bzw. die ursprüngliche Farbe der Urmaterie symbolisierte. Am dritten Tag trugen sie zum Gedenken an die Herrlichkeit der Mutter Gottes die Farbe Weiß: Sie steht für das „Weiße Werk", (*albedo*) bzw. die Reinigung der Seele. Rot (*rubedo*) war die Farbe ihrer Alltagsgewänder, Purpur die Farbe, die die Büßer tragen, wenn sie sich durch Fasten und Gebet reinigen, bevor sie an einer großen Feier der Kommunion mit dem Göttlichen teilnehmen. Nach dieser Vorbereitung „verwandeln" sie sich im Laufe der Festlichkeiten, in dem sie zunächst Schwarz, dann Weiß und schließlich Rot tragen.

Die Reihenfolge dieser Farben entspricht der chronologischen Abfolge der Farben im alchemistischen Prozess zur Bereitung des Steins der Weisen. Bei der Vorbereitung des Großen Werks beginnt das Rohmaterial zu faulen und wird schwarz. Wenn es erhitzt wird, wird es weiß – die Farbe des Lichts und des Silbers. Unter ständiger Einwirkung des geheimen Feuers der Philosophen (symbolisiert durch das Schaf) wird das Weiß der Vollkommenheit zu

Rot, das sich dann in ein durchscheinendes Purpurrot verwandelt und den letzten Schritt zur Schaffung des Steins der Weisen anzeigt. Erkennungszeichen des Ordens vom Goldenen Vlies ist eine goldene Halskette mit 31 Gliedern, die abwechselnd stilisierte Feuersteine und Feuereisen symbolisieren. An der Kette befindet sich ein Anhänger mit den Insignien des Ordens: eine Medaille, die einen Widder im goldenen Vlies zeigt. Alle Ritter des Ordens waren unter Androhung von Verstümmelung dazu verpflichtet, eine solche Kette zu tragen – kein anderer durfte sie benutzen. In der Schlacht konnten sie die Kette ohne das Vlies tragen. Wurde sie beschädigt, musste sie sofort von einem Goldschmied repariert werden. Während der Reparatur war der Ritter vom Tragen der Kette und der Zahlung einer Strafe befreit. Es war verboten, die Kette mit anderen Juwelen oder Zierelementen zu schmücken. Sie durfte unter keinen Umständen verkauft, verschenkt oder verpfändet werden. Ging die Kette verloren, musste der Ritter sich auf eigene Kosten ein neues Exemplar anfertigen lassen. Wurde sie ihm auf dem Schlachtfeld entwendet, erhielt der Ritter eine neue Kette vom König. Starb ein Ritter oder wurde aus dem Orden ausgeschlossen, musste die Kette innerhalb von drei Monaten an den Schatzmeister des Ordens zurückgegeben werden. Hermann Fictuld verstand die Kette mit dem goldenen Vlies auch als Symbol für die Pergamentrolle, auf der die Alchemisten der Antike in goldenen Lettern über die Wissenschaft und insbesondere die Alchemie schrieben. Neben der Kette trugen die Ritter des Ordens vom Goldenen Vlies einen sechszackigen Stern auf der Brust, der aus zwei übereinander liegenden Dreiecken bestand als ein Symbol der elementaren Alchemie mit einer Doppelbedeutung: Die vier Elemente der Natur (Erde, Wasser, Feuer, Luft) werden durch die Vereinigung der „Königin des Wassers“ (Dreieck mit nach unten gerichteter Spitze) und des „Königs des Feuers“ (Dreieck mit nach oben gerichteter Spitze) dargestellt. Das auf diese Weise gebildete Hexagramm symbolisiert für die Alchemisten den berühmten Stern, zusammengesetzt aus „Azot“ – dem Merkurialwasser der Philosophen und „Ignis“, dem philosophischen Feuer, das alles verwandelt.

DIE GEHEIMEN GÄNGE UNTER DER VILLA RODRÍGUEZ-ACOSTA

(16)

Unterirdische Fluchtwege?

La Fundación Rodríguez-Acosta
Callejón del Niño del Royo
958 227 497
fundacionrodriguezacosta.com
info@fundacionrodriguezacosta.com
15. März bis 14. Okt. 8.30–17 Uhr und 15. Okt. bis 14. März 10–15.30 Uhr

Unter der Villa Rodríguez-Acosta befinden sich alte geheimnisvolle gemauerte Gänge, von insgesamt 800 Metern Länge, die der Erbauer und Eigentümer der Villa, der Maler José Maria Rodríguez-Acosta (1848–1941) entdeckte. Um diese Stollen erreichen zu können, ließ er steile Treppenanlagen errichten. Der gute Erhaltungszustand

der unterirdischen Passagen ist seinem künstlerischen Feingefühl zu verdanken, denn er schmückte die Gänge mit freistehenden Säulen und Rundbögen aus, fügte Zierleisten und Dekorationsvasen hinzu, und verschönerte den unterirdischen Komplex mit einem Wasserbecken, einem riesigen neoklassizistischen Fries und einem beachtlichen Säulengang.

Da es kaum Dokumente über diese Passagen gibt, ist ihr genauer Zweck bislang unbekannt. Nach Angaben des Stiftungsvorstands enthalten die Zeichnungen und Baupläne, die im ersten Jahrzehnt des 20. Jahrhunderts angefertigt wurden, nur spärliche Informationen. Die Passagen könnten eine Erweiterung der städtischen Kerker oder vielleicht auch Fluchtwege von Gefangenen gewesen sein.

Man kann heute verschiedene Passagen besichtigen. Alle Stollen sind ummantelt, so dass man verschiedenen Gesteinsschichten sehen kann, während man über eine steile Treppe nach unten geht.

In den unterirdischen Gängen lässt sich erahnen, wie das Leben in der Stadt einst ablief. In diesen dunklen Tiefen scheint Granada auf den Besuch von Neugierigen zu warten, um ihnen ihre verborgensten Geheimnisse zu offenbaren.

Die Bermeja-Türme

Die Torres Bermejas befinden sich auf dem Gipfel des Mauror-Hügels, der einen wunderbaren Ausblick auf die Stadt Granada und das Umland bietet – einschließlich der Viertel Realejo und Albaicín, die einst von den wehrhaften Mauren bewohnt wurden. Man kann von hier die Torres Rojas („Roten Türme") sehen, die der Verteidigung dienten und ursprünglich ein Teil der heute verschwundenen Burg *Hizn Mawror* waren. Diese Burg war durch eine Mauer (die in ihrer ursprünglichen Form nicht mehr erhalten ist) mit der Alcazaba verbunden, von der man durch ein Tor mit einem Bogen in Hufeisenform (der heute noch zu sehen ist) militärische Verstärkung schicken konnte. Unterhalb des Komplexes befindet sich eine Zisterne, die ebenfalls nur von außen besichtigt werden kann. Die Türme wurden während des Spanischen Bürgerkriegs und in späteren Jahrzehnten als Militärgefängnisse genutzt. Besichtigung nur von außen möglich.

DER „OHRENBOGEN“

Ein Bogen, an dem einst menschliche Ohren hingen

Wäldchen der Alhambra
Cuesta de Gomérez („Gomerez-Hügel“)

Der Arco de las orejas („Ohrenbogen“) liegt etwas abgeschieden mitten im Wäldchen der Alhambra, auf einem steilen Hügel, der von der Plaza Nueva hinauf zum Palastberg führt. Dieses Tor nannten die Einwohner des mittelalterlichen Granadas „Ohrenbogen“, weil hier abgeschnittene Ohrmuscheln und andere Körperteile von Straftätern ausgestellt wurden – sein ursprünglicher Name war *Bib-Rambla* („Flusstor“).

Tatsächlich führt das Tor heute nirgendwo hin. Es liegt verloren im Niemandsland, weit entfernt vom Alltagslärm des Bib-Rambla-Platzes, wird aber für die Zukunft instandgehalten. Der Ohrenbogen war in früheren Zeiten eines der Zugangstore zur ummauerten Stadt und stand an einem der belebtesten Orte des arabischen Granadas, ganz in der Nähe des Souks und der Moschee.

Ein Stadttor, das abgerissen und wiederaufgebaut wurde

Der „Ohrenbogen“ wäre beinahe abgebrochen worden, denn auch die Stadt Granada bevorzugte im ausgehenden 19. Jahrhundert den Fortschritt und hatte wenig Interesse an alten Steinen. 1873 ordnete das Rathaus den Abriss des alten Stadttores an, in der Hoffnung, dass Proteste ausbleiben würden, rechnete aber nicht mit dem heftigen Widerstand von Künstlern und Intellektuellen. 1881 wurde das Tor zum Nationaldenkmal erklärt, doch bereits 1884 ordnete die Regierung von Cánovas del Castillo, der damals Direktor der Königlichen Akademie für Geschichte war, den vollständigen Rückbau des Bogens an (offenbar aus hygienischen Gründen). Wie so oft, wenn in Granada ein historischer Bau zerstört werden sollte, setzte sich eine Bürgerbewegung gegen den Plan zur Wehr, den Bogen in das Archäologische Museum zu bringen, wo er in Vergessenheit geraten wäre. In den 1930er-Jahren ließ der Direktor der Alhambra und des Generalife den Bogen an seinem heutigen Standort wiederaufbauen.

DAS KIND DER SÄULE

(18)

Ein grausiger Scherz

Callejón Niño del Royo

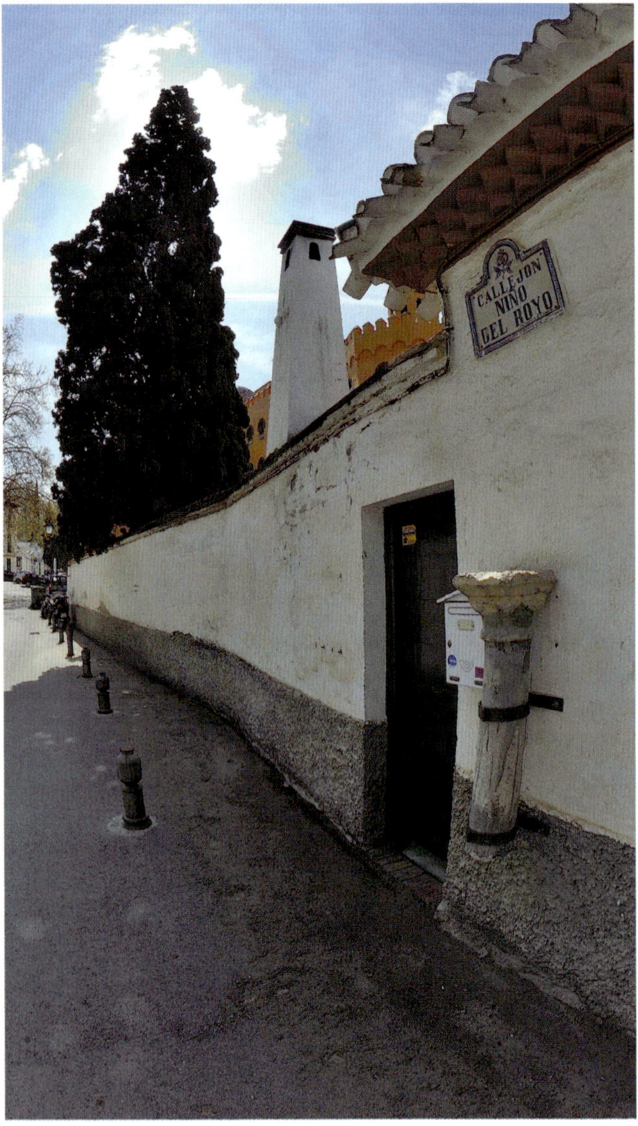

Noch bis in die erste Hälfte des 19. Jahrhunderts konnte man vom Mauror-Hügel aus in dieser Straße ein längliches Gebilde stehen sehen, das wie ein Körper mit Kopf aussah, an dessen Seiten Arme hingen. Wenn jemand danach fragte, antworteten die Einheimischen, es sei das „Kind der Säule". Wenn Besucher sich dann diesem „Kind" näherten, erkannten sie mit Grauen, dass die Arme in Wirklichkeit Haken waren, an denen menschliche Überreste hingen. Was sie aus der Ferne für eine Gestalt gehalten hatten, war in Wirklichkeit eine Säule, an der die sterblichen Überreste verurteilter Verbrecher hingen, um als abschreckendes Beispiel zu dienen.

Der Herrscher der Alhambra hatte in der Gasse Niño del Royo („Kind der Säule") eine solche Säulen aufgestellt, die die Einwohner davor warnen sollte, kriminellen Verlockungen nachzugeben. Der Name der Gasse ist heute das einzige Überbleibsel aus einer Zeit, in der das Recht ohne großes Federlesen angewendet wurde. Zur Ausübung der Rechtsprechung gehörten Amputationen von Händen, Füßen, Armen und sogar Köpfen sowie andere grausame Strafen wie Verstümmelung, Erhängen oder Vierteilen. Royos de justicia („Gerichtssäulen") gab es in Spanien noch bis zum Ende der vornapoleonischen Zeit – Pfosten mit Haken an den Seiten, die mit einem königlichen oder aristokratischen Wappen versehen waren. Diese Folter-Mahnmale waren ein sichtbarer Hinweis darauf, dass das jeweilige Dorf die Macht hatte, Recht zu sprechen, oder dass das Recht von einer anderen – königlichen, kirchlichen, militärischen oder zivilen – Autorität vollstreckt wurde.

Eine Bruderschaft, die die toten Körper einsammelte

Die Gerichtssäulen boten ein makabres Schauspiel in den Straßen und Städten Spaniens. In Granada standen an verschiedenen Orten etwa zehn solcher Säulen. Sie waren häufig von Nagetieren, Krähen oder Bussarden belagert, die sich an dem reichen Festmahl erfreuten. Historischen Aufzeichnungen zufolge engagierten sich bis zum 18. Jahrhundert einige mitfühlende Bürger in der *Hermandad de la Paz y la Caridad (Bruderschaft des Friedens und der Nächstenliebe)* und zogen mit Karren und Leiterwagen durch die Straßen der Stadt, um die menschlichen Überreste an den Säulen zu bergen und zu einer heiligen Stätte zu bringen, wo die unglücklichen Seelen im Rahmen einer Messe ein christliches Begräbnis erhielten.

DIE FRÜHERE EINGANGSTÜR EINES FOTOGESCHÄFTS (19)

Fotografie in der Alhambra

An der Umfassungsmauer des Anwesens der Carmen de los Mártires

Der vermauerte Eingang zu einem alten Fotogeschäft ist eines der letzten Relikte, die davon zeugen, wie beliebt die Alhambra zu Beginn des 20. Jahrhunderts war, als der Fremdenverkehr sich in dieser Region Andalusiens zu entwickeln begann.

Die Tourismuslawine, die Granada zwischen dem Ende des 19. und Anfang des 20. Jahrhunderts überrollte, hinterließ nur wenige Spuren. Ein Zeugnis ist jedoch die Eingangstür zu einem einstmals lukrativen Geschäft, das einem belgischen Ingenieur namens Meersman gehörte, der zu Beginn des 20. Jahrhunderts seine Leidenschaft für die neuartige Kunstform der Fotografie entdeckt hatte und zum Geschäft machte.

Meersman eröffnete in seiner Villa ein Fotolabor und einen dazugehörigen Laden für Touristen. Er befand sich in der Mauer, die um die Anlage der Villa de los Mártires herum verlief – in der Straße, die von der Allee zum Garten der Villa hinaufführt. Die Imitation des für jene Zeit so typischen arabischen Hufeisenbogens ist noch heute zu sehen. Das Bestreben, die Pracht Andalusiens wiederzugeben, zeigt sich auch in den bunten Azulejo-Fliesen, die heute noch in der Mauer sichtbar sind.

Die Touristen ließen sich gern in maurischer Kleidung porträtieren – sie posierten bevorzugt auf dem Hügel, der zum Eingang der Alhambra führt, und den Tausende auf der Suche nach Exotik und orientalischer Romantik ansteuerten.

Bücher wie *Tales of the Alhambra* (1829, dt. *Die Alhambra*) von Washington Irving (siehe S. 134) sowie Hunderte von Zeichnungen, Fotografien und Reiseberichte romantik-verliebter Granada-Touristen weckten und beflügelten das Interesse der Öffentlichkeit am einzigen arabischen Palast Europas. Es war unausweichlich, dass die Alhambra zu einem der beliebtesten Reiseziele dieser Zeit werden würde.

DIE LOURDES-GROTTE

Die Heilige Jungfrau in der Höhle

Camino Nuevo del Cementerio – Grotte der Jungfrau
Barranco del Abogado

Im Inneren einer Naturhöhle im Viertel Barranco del Abogado stand über hundert Jahre lang eine kleine Nachbildung der Heiligen Jungfrau aus dem französischen Wallfahrtsort Lourdes, einem der meistverehrten Bildnisse des Christentums (siehe unten). Jedes Jahr am 11. Februar, dem Feiertag der Jungfrau von Lourdes, beginnt von hier aus eine Prozession – eine Tradition, die in den letzten Jahren zunehmend an Beliebtheit gewonnen hat.

In der Höhle, die von der Parroquia de San Cecilio (Pfarrgemeinde des heiligen Caecilius) verwaltet wird, hängt eine Gedenktafel, die an die Errichtung der Kapelle im Jahr 1903 erinnert. Der Bau wurde von Pillar García Romanillos finanziert, einer einheimischen Frau, die – wie Maria Luisa de Dios – der Kongregation der Redemptoristen bzw. den *Damas Apostólicas (Apostolischen Damen vom Herzen Jesu)* angehörte. Diese Ordensgemeinschaft setzte sich dafür ein, die Lebensbedingungen der Bewohner dieses Viertels zu verbessern, das lange Zeit nicht die Grundvoraussetzungen für einen angemessenen Lebensstandard bot.

Das vergessene Viertel nahe der Alhambra

Barranco del Abogado, das Viertel der Jungfrau von Lourdes, liegt an den Hängen der Alhambra in einer Gegend namens Antequeruela – einer der am wenigsten besuchten und bekannten Stadtbereiche.

Das Gelände hier ist unwegsam, und bis 2002 gab es in Barranco del Abogado weder ein öffentliches Telefonnetz noch Briefkästen – nicht einmal eine Bushaltestelle. Der erste öffentliche Brunnen mit Trinkwasser wurde erst 1920 erbaut. Noch immer fehlt die Straßenbeleuchtung und die Häuser haben keine Trinkwasserversorgung. Immerhin haben sich die Lebensbedingungen in den letzten dreißig Jahren ein Stück verbessert: Die Häuschen wurden verkauft und komplett modernisiert. Erhebungsdaten zufolge leben im Barranco del Abogado rund 600 Menschen – Nachfahren der Arbeiter, Angestellten und Handwerker, die traditionell hier schon immer lebten.

Die Einwohner glauben, dass ihr Viertel nach einem Richter benannt ist, der das Land 1623 als Bezahlung für seine Dienste erhielt. Es kursiert aber noch eine andere, fast vergessene Legende, der zufolge hier in den düsteren Jahren der vornapoleonischen Zeit ein Ritter ermordet wurde.

DER BAUM DES JOHANNES VOM KREUZ

(21)

Poesie im Schatten einer Zypresse

Im Garten der Carmen de los Mártires
1. April bis 14. Okt. Mo–Fr 10–14 Uhr und 18–20 Uhr; Sa/So und feiertags 10–20 Uhr; 15. Okt. bis 31. März Mo–Fr 10–14 Uhr und 17–18 Uhr; Sa/So und feiertags 10–18 Uhr

Im Garten der „Märtyrervilla“ steht ein uralter Baumriese, der Menschen, die nach geistiger Ruhe suchen, ein Refugium bietet. Er soll vom Heiligen Johannes vom Kreuz gepflanzt worden sein, einem Meister der christlichen Mystik, der von 1582 bis 1588 Prior des Klosters der Unbeschuhten Karmeliter war. Der Legende nach soll Johannes vom Kreuz im Schatten dieses Baumes sein Meisterwerk *Noche Oscura del Alma* (*Die dunkle Nacht der Seele*) geschrieben haben. Der mächtige Baum ist eine Mexikanische Zypresse der Art *Cupressus Lusitanica Mill* und soll als Setzling aus dem heiligen Wald von Bussaco in Portugal (Provinz Coimbra) hierhergebracht worden sein. Die Zypresse steht im oberen Teil des Villengartens an einer Stelle, an der die Karmeliter vor vielen Jahrhunderten einige der seltensten Tier- und Pflanzenarten der Welt kultivierten – darunter auch diese Zypressenart, die in Granada nur als „Die Zeder“ bekannt ist. Neben diesem riesigen Baum, dem ältesten in der Gartenanlage, gibt es einen See mit einer Insel, einen großen Turm, Brunnenanlagen, exotische und medizinische Pflanzen, einen orientalischen Garten und einen islamischen Innenhof mit einer Grotte. Das Konvent des Heiligen Johannes vom Kreuz wurde 1842 zerstört und durch ein bescheidenes Gebäude ersetzt, in dem sich heute ein Kloster und ein Noviziat befinden. Vom Leben des Heiligen zeugen heute nur noch die herrliche Zypresse und eines der ausdrucksvollsten Gedichte der spanischen Literatur: *Noche Oscura del Alma*. Es ist Gott gewidmet und von all der Liebe erfüllt, die ein Mensch in der dunklen Nacht der Seele zu empfinden vermag.

DIE REGENZISTERNE

Wasser von den Bergen

An der Straße zum Parque de Invierno („Winterpark")

Die Regenzisterne (Aljibe de la lluvia) an der Straße zum Winterpark ist eine weitere geniale Erfindung der Nasriden zur Nutzung von Wasser. Sie liegt zu zwei Dritteln unter der Erde und gehörte einst zum weitläufigen Wasserauffangsystem der oberen Paläste der Alhambra (Castillo de Santa Elena, Silla del Moro, Dar al-Arusa, Rota-Becken, Westlicher Brunnen, Albercón del Negro und Alixares-Palast).

Das Wasserreservoir befindet sich auf 930 Metern über dem Meeresspiegel (die Stadt Granada liegt auf 680 Metern Höhe), wo es das von den Bergen kommende Regenwasser staut und nach dem römischen Compluvium-System durch eine zentrale Ausflussöffnung ableitet. Früher verfügte die Zisterne über zwei seitliche Zugänge zum Auffangen des Wassers, die jedoch im Laufe der Zeit durch ein moderneres System ersetzt wurden.

Der Zugang zur Regenzisterne – ein einsames Tor in einem Erdwall inmitten der Landschaft – liegt auf dem Weg zum Llano del Perdiz. Oberhalb des Weges kann man die Außengewölbe sehen, die als Überlaufrinne für das Staubecken dienen. Die aus Ziegeln und Gips errichtete Zisterne hat einen quadratischen Grundriss und ist auf jeder Seite an die acht Meter lang. Die drei spitzen Tonnengewölbe, die als Gegengewichte fungieren, ermöglichen die Konstruktion eines großen zentralen Gewölbes. Die Anlage muss zu ihrer Zeit bedeutend gewesen sein, denn der weit gereiste flämische Maler und Illustrator Georg Hoefnagel zeichnete die Regenzisterne 1575 für sein Werk *Civitates Orbis Terrarum*.

Im 19. Jahrhundert entdeckte man die gut erhaltene Zisterne wieder. Sie ist voll funktionsfähig und wird von der Stadt Granada nach wie vor als zusätzliche Wasserreserve genutzt.

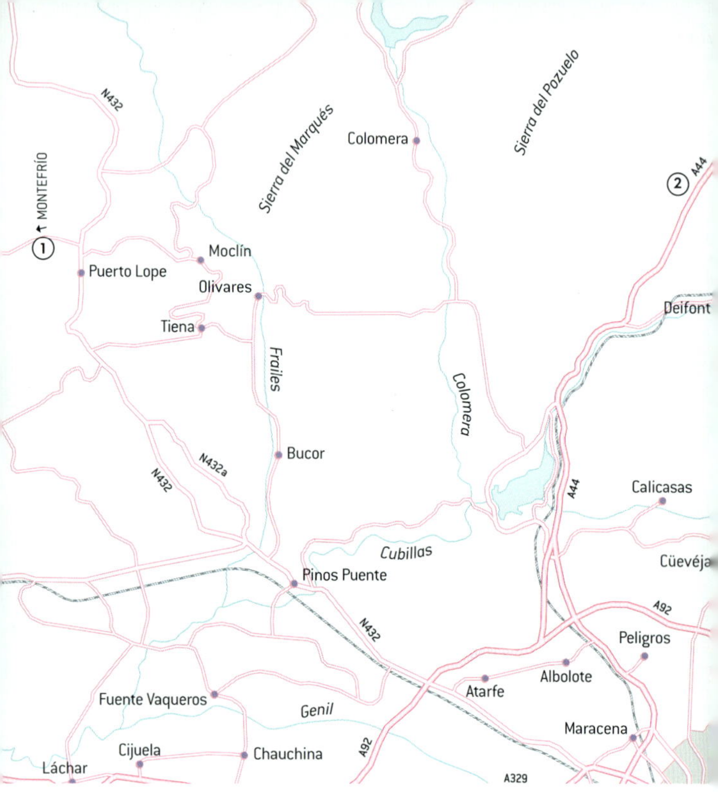

Nördlich von Granada

AÉN ↗
Iznalloz
4
N
Cubillas
Sierra Arana
Sierra de Huétor
5
Diezma
A92
↑ GUADIX, ALMERÍA
Sierra de Cogollos
Gogollos
de la Vega
Sierra de la Yedra
A92
Alfacar
6
Víznar
A92
Huétor
de Santillán
Beas de Granada
Arroyo Padules
Quéntar
Cortiio de

DIE KIRCHE DER MENSCHWERDUNG IN MONTEFRÍO ①

Ein Nachbau des römischen Pantheons

Iglesia de la Encarnación
18270 Montefrío
958 336 004 oder 958 336 136
turismontefrio@montefrio.org
montefrio.org

Die Kirche der Menschwerdung in Montefrío (von *monte ferido*, deutsch: „verletzter Berg“) wird im Volksmund auch *La Redonda* („Die Runde“) genannt, denn sie hat einen kreisförmigen Grundriss und eine riesige Kuppel mit einem Durchmesser von 30 Metern. Die im Vergleich zu anderen Gotteshäusern in Spanien überproportional große, tempelartige Kirche lässt erahnen, dass die Idee für diesen ungewöhnlichen Bau importiert wurde. Tatsächlich diente das Pantheon in Rom als Vorlage.

Der neoklassizistische Bau entstand während der Herrschaft von Karl III. und wird dem spanischen Architekten Ventura Rodríguez (1717–1885) zugeschrieben, obwohl er eigentlich ein Werk seines Schülers Lois de Monteagudo ist. Die Kirche mit der gewaltigen Kuppel wurde in nur 16 Jahren erbaut – von 1786 bis 1802. An den kreisrunden Zentralraum schließt sich eine rechteckige Hauptkapelle mit Glockenturm an, und es gibt einen Vorraum, durch den die Gemeinde die Kirche betritt.

Im Jahr 1981 besuchte die japanische Professorin Yuri Oyama von der Universität Yokohama Montefrío und verliebte sich sofort in den Ort. Sie lebte ein Jahr in Montefrío und besuchte das Dorf später noch viermal. Die begeisterte Fotografin veröffentlichte 1983 einen Fotoband über Montefrío und veranstaltete mehrere Ausstellungen über ihre „Entdeckung“. Das rege Interesse der japanischen Öffentlichkeit an Oyamas Arbeit und die Unterstützung durch japanische Reiseveranstalter führten schließlich dazu, dass sich Montefrío zu einem beliebten Ziel für japanische Touristen entwickelt hat. Seitdem sind die Denkmäler des Dorfs mit Schildern in drei Sprachen versehen: Spanisch, Englisch und Japanisch.

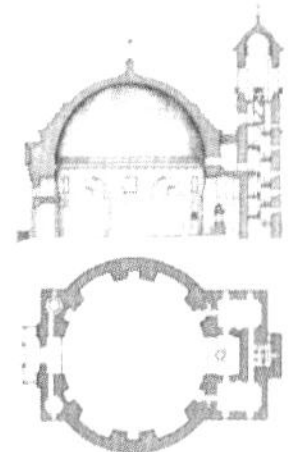

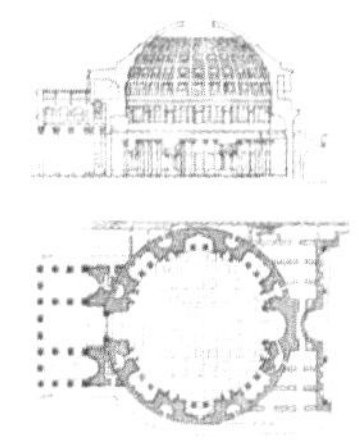

Japanische Hochzeiten im spanischen Stil

Die Villa de Montefrío bietet japanischen Paaren die einzigartige Möglichkeit, im „spanischen Stil“ zu heiraten. Die Trauungen finden im Rathaus statt, und die gesamte Stadtbevölkerung trägt ihren Teil dazu bei, dass die Brautpaare die authentische Atmosphäre spanischer Hochzeiten genießen können. Das glückliche Paar wird beim Verlassen des Rathauses mit Reis überschüttet, beim Hochzeitsbankett wird Jamón serviert, und zur Krönung des Festes werden Sevillana-Tänze vorgeführt.

HOTEL CORTIJO DEL MARQUÉS ②

Ein Gutshof wie aus alten Zeiten

Camino del Marqués
18220 Albolote
958 340 077
reservas@cortijodelmarques.com – cortijodelmarques.com
11 Zimmer
Anfahrt von Granada: Das Hotel liegt 18 Kilometer nördlich von Granada, etwa vier Kilometer von der Landstraße entfernt. Auf der Autobahn A-44 (Jaén–Granada) bei Deifontes (km 108) abfahren. Vom Kreisverkehr in die Anliegerstraße einbiegen, die parallel zur A-44 verläuft. Ab diesem Punkt ist die Route gut ausgeschildert

In dem einstigen Landgut des Marquis von Mondéjar ist heute ein luxuriöses Hotel untergebracht, in dem Gäste das traditionelle andalusische Landleben genießen können. Bei der Restaurierung wurde besonders auf traditionelle Materialien geachtet, um das Anwesen, in dem früher Landarbeiter und Aristokraten lebten, möglichst authentisch wiederherzustellen.

Das 4.000 Hektar große Gut erstreckt sich auf einer riesigen Ebene mit alten Olivenhainen und ist fast eine Stadt im Kleinformat. Im Klostergebäude im Zentrum lebten früher die Familien von Feldarbeitern, Hirten, Hufschmieden, Müllern und dem Schulmeister. Bevor es zum Landgut des Marquis von Mondéjar wurde, befand sich hier ein Nonnenkloster. Heute wird der bezaubernde Ort als Geheimtipp vermarktet: Er bietet luxuriöse Unterkünfte und ist ein beliebter Ort für Hochzeitsfeierlichkeiten und vornehme Bankette.

Die prachtvolle Kirche des Guts ist ein Relikt der ursprünglichen Klosteranlage und ein Zeugnis für den großen Stellenwert, den die Religion noch heute im ländlichen Spanien einnimmt.

DIE HEIẞEN QUELLEN IN DEIFONTES

Der göttliche Brunnen

Deifontes

In der Stadt Deifontes gibt es viele sprudelnde heiße Quellen, die den Ort zu einem üppigen Paradiesgarten machen. Dieses Naturphänomen verhalf Deifontes zu seinem charmanten Namen: *Deus-fontes* („Gottesbrunnen") bzw. *Daifontes*, *Dayfonte*, *Dialfate* oder *Dar al-Font* („Haus/Ort des Brunnens").

Die Quellen, die von niedrigen Backsteinmauern eingefasst werden, sind kleine Oasen der Entspannung. Die Stille wird nur unterbrochen durch das sanfte Blubbern und Plätschern des Wassers, das aus der Tiefe emporsteigt.

Der Park, in dem sich die heißen Quellen befinden, liegt am Stadtrand in der Nähe des Flusses Cubillas und der Kapelle von San Isidro, die von der Autobahn N323 und von Iznalloz aus zu erreichen ist.

Glücklicherweise ist der paradiesische Ort Deifontes bisher nicht vom Massentourismus entdeckt worden. Es gibt nur ein kleines Hotel mit Holzbungalows auf der anderen Seite des Flusses. Die wenigen Besucher, die es hierher verschlägt, reisen über die Routen El legado andalusí (Route des Erbes von al-Andalus) und Los Nazaríes (Route der Nasriden) an – beide führen mitten durch die Sierra de Arana und passieren Deifontes als letzte Station vor Granada.

Ein berühmter Rastplatz

Im 13. Jahrhundert – als die Kutschen in Deifontes Rast einlegten, damit die Pferde trinken und die Reisenden sich ausruhen konnten – wurde an den heißen Quellen der bekannteste und beliebteste Gasthof auf dem Camino Real, dem alten Königsweg von Granada, errichtet. Der Gasthof war als „Venta del Nacimiento" bekannt, und schriftliche Dokumente berichten, dass hier sogar berühmte Mystiker wie der Heilige Johannes vom Kreuz und die heilige Teresa von Avila auf ihren langen Reisen nach Granada einkehrten.

DIE WASSERHÖHLE

④

Gespenstische Welt im Dunkel

Cueca del Agua – Pico del Asno, Sierra Arana, 18550 Iznalloz
958 247 500 oder 958 247 384 – cavedelagua@dipgra.es
Mo–Sa 10–15 Uhr
Eine Besichtigung muss beim Kulturamt der Stadtverwaltung von Granada angemeldet werden; Gruppen von maximal 15 Personen

Die große Tropfsteinhöhle in der Nähe des Dorfes Iznalloz ist unter den Namen Wasserhöhle, Sabina-Höhle, Eselshöhle bzw. Deifontes-Höhle bekannt. In dem gigantischen Labyrinth aus unterirdischen Gängen befinden sich riesige Formationen aus Stalagmiten und Stalaktiten. Besonders spektakulär und unheimlich sind die Gebilde in der Sima de los Dientes de Dragón („Kammer der Drachenzähne").

Faszinierende kristalline Strukturen, die wie Korallen auf dem Meeresgrund geformt sind, sieht man im „Saal der Musik". Einen versteinerten Wasserfall kann man an der Gletscherlagune in der Höhle

bestaunen – und im „Griechischen See“ gibt es kleinere Lagunen mit glasklarem Wasser.

Die Wasserhöhle liegt auf einer Höhe von 1.750 Metern, hat ein Gefälle von 180 Metern und eine Ausdehnung von rund 3.000 Metern. Im Innern der Höhle herrscht eine konstante Temperatur von 9 Grad Celsius. Unerbittliche Naturgewalten haben diese riesigen, untereinander verbundenen Hohlräume geschaffen, und durch das Zusammenspiel von Wasser und Kalkstein im Lauf der Jahrtausende zu einer unterirdischen Wunderwelt mit steilen Hängen und Seitengalerien geformt.

Die Höhlen sind sowohl geologisch wie biologisch von Interesse, denn sie beherbergen bis zu 23 endemische Arten von Lebewesen, von denen einige ausschließlich in dieser Höhle leben. Die meisten dieser Arten – wie der Pseudoskorpion oder der Tausendfüßler (*Origmatogona tinautil*) – sind weiß und blind, da sie in völliger Dunkelheit leben.

Die andalusischen Universitäten unternehmen Forschungen in dieser Mikrowelt, um herauszufinden, wie man die Balance zwischen der touristischen Nutzung und der Erhaltung des ökologischen Reichtums der Höhlenwelt realisieren kann.

DAS GASTHAUS MOLINILLO

Wo der Wunderheiler Manuel lebte

Sierra de Huétor
18183 Huétor Santillán
A-4004 (Ausfahrt A-92), die alte Straße von Granada nach Guadix

Das alte Gasthaus Molinillo ist von einer magischen und geheimnisvollen Aura umgeben, denn nur wenige Meter über dem Gasthof befindet sich die Hütte von Manuel, dem berühmtesten Wunderheiler der Region.

Manuel wandte ungewöhnliche Methoden an, die Erfahrungsberichten nach jedoch äußerst wirksam waren. Er verlangte für seine Dienste kein Geld, sodass ihm diejenigen, die zu ihm kamen, um geheilt zu werden, Brennholz und Fahrzeuge schenkten. Mit der Zeit wurde der Brennholzberg neben seiner Hütte so groß, dass einige um die Sicherheit seines baufälligen Häuschens fürchteten. Außerdem waren mehr als 300 Fahrzeuge auf den Straßen in der Nähe abgestellt (Autos, Motorräder und vor allem Lastwagen aller Fabrikate und Modelle).

Bald war das Gasthaus Molinillo nicht mehr nur eine Raststätte am Wegesrand, sondern ein Treffpunkt für alle, die von den wundersamen Heilkräften dieses einfachen und sehr bescheidenen Mannes gehört hatten.

Heute bietet ein Besuch im Gasthof die Gelegenheit, das alte Spanien zu erleben. Man kann noch immer den Berg von Brennholz sehen, der an die Hütte des Wunderheilers Manuel erinnert.

Manuel erkrankte an einer mysteriösen, unheilbaren Krankheit, die ihn ans Bett fesselte. Als er starb, reisten zu seiner Beerdigung Hunderte von Trauergäste aus ganz Spanien an, um seinen Leichnam in einer stillen Prozession vom Gasthaus Molinillo in die Stadt Huétor Santillán zu geleiten. Eine kilometerlange hupende Autokarawane folgte dem Leichenzug, Blumen wurden aus den Fenstern geworfen und Feuerwerkskörper gezündet.

Manuel starb am 7. März 2001 – und jedes Jahr an seinem Todestag besuchen zahlreiche Menschen sein Grab, die sich an diesen guten Menschen erinnern, der jedem half, der ihn um Heilung und Linderung seiner Leiden bat.

ZUM GEDENKEN AN DEN TOD VON FEDERICO GARCÍA LORCA ⑥

Das verlorene Grab

Parque García Lorca (García-Lorca-Park)
Paraje de Fuente Grande
18170 Alfacar

Im Jahr 1986 begann die Verwaltung der Gemeinde Alfacar mit der Anlage eines Parks zu Ehren von Federico García Lorca (1898–1936) – einem der bedeutendsten spanischen Dichter des 20. Jahrhunderts. Der Park sollte an dem Ort entstehen, an dem Lorca aller Wahrscheinlichkeit nach ermordet und begraben wurde. Im Zuge der jüngsten Untersuchungen zu den Opfern des Spanischen Bürgerkriegs – begann man 2010 gegen den Willen der Familie des Dichters mit der Suche nach Lorcas Überresten. Bisher wurde man jedoch weder im Park noch in der Umgebung fündig.

In die Mauern des zentralen Platzes sind die schönsten Verse des Dichters eingraviert, und neben dem Olivenbaum, der bis vor kurzem als Ort seines Todes galt, wurde ein Denkmal aufgestellt, das die Inschrift „Zum Gedenken an Federico García Lorca und die Opfer des Bürgerkriegs" trägt.

Am Jahrestag von Lorcas Ermordung am 18. August 1936 reisen Menschen aus ganz Spanien an, um ihm zu Ehren eine Nacht mit Lyrik und Musik zu wachen und an seinem Denkmal Blumen niederzulegen.

Der einzige Hinweis auf den genauen Ort seines frühen gewaltsamen Todes ist ein Vers aus einem lokalen Lied, in dem es heißt: „Zwischen Víznar und Alfacar haben sie einen Singvogel getötet, weil er singen wollte." Experten und Wissenschaftler, aber auch die lokalen Behörden von Viznar und Alfacar suchen noch immer nach dem Leichnam des Dichters.

Federico und die Bruderschaft der Alhambra

Kaum bekannt ist, dass der auf den Namen Federico del Sagrado Corazón de Avila getaufte García Lorca ein Mitglied der *Cofradía de la Virgen de la Alhambra (Bruderschaft Unserer Lieben Frau der Schmerzen von der Alhambra)* war. Der Dichter gehörte zu den Mitbegründern der Bruderschaft in Granada.In der Karwoche 1928 trug er als Büßer gekleidet das Kreuz an der Spitze der Prozession.

DAS ATELIER VON MIGUEL RUIZ JIMÉNEZ

7

Ein Dom für die Kunst

Pabellón de las Artes Plásticas
Camino viejo de Jún; Cruce de Jún
18170 Alfacar
958 414 077
miguelruizjimenez.com – grupomrj@gmail.com
Mo–Fr 8–14 und 15–19 Uhr
Besuch nur mit Voranmeldung
Mindestens 4–5 Personen

Miguel Ruiz Jiménez hat in Alfacar einen beeindruckenden Pavillon errichtet – einen wahren Tempel für die Kunst der Keramik und Bildhauerei. Der autodidaktische Künstler, der für seine Keramikobjekte mit filigraner goldener Bemalung bekannt ist, ist ein wahres Genie und kann auf eine glänzende Karriere zurückblicken.

Das originellste Element des ungewöhnlichen Pavillons ist die grandiose Kuppel, die einen Durchmesser von 18 Metern hat und von einem skurrilen, von Orgelpfeifen inspirierten Zaun umgeben ist.

Die Plastiken von Miguel Ruiz sind oft riesengroß und äußerst originell. Das faszinierendste Exponat ist jedoch die Sammlung von Reproduktionen nasridischer Keramikgefäße – jedes über einen Meter hoch –, die der vielseitige Künstler mit unglaublicher Akribie angefertigt hat.

Im Gebäude steht auch eine gigantische abstrakte Figur. Die riesige menschenähnliche Statue ist eine Hommage an die Fans der örtlichen Fußballmannschaft.

Den Garten um den Pavillon schmücken Gefäßen, Lampen und Objekte, die nasridischer Keramik nachempfunden sind. Es gibt Kursräume, ein Konferenzzentrum für Vorträge und praxisorientierte Vorlesungen sowie das „Kunstlabor“, in dem der Künstler arbeitet. Ruiz hat eine spezielle Glasurtechnik auf Grundlage von chemischen Studien entwickelt. Seine von der Kultur der Nasriden inspirierten Tonamphoren sind in einigen der berühmtesten Museen der Welt ausgestellt. Er fertigt sie auf Bestellung an – für einen Mindestpreis von 50.000 Euro pro Objekt. Zu seinem Kundenkreis gehören auch die Herrscher von Saudi-Arabien, die den Künstler 1999 engagierten, um die Innenausstattung eines Nachbaus der Alhambra in Riad zu übernehmen. Ruiz hat eine komplette Sammlung der erhaltenen Vasen aus der Alhambra nachgebaut und Aufträge für zahlreiche Institutionen wie das Europäische Parlament und die UNESCO übernommen. Die Fertigstellung eines Auftragswerks dauert durchschnittlich vier Monate.

Südlich von Granada

Víznar
A92
Huétor de Santillán
Beas de Granada
Arroyo Padules
Quéntar
Cortijo de San Antonio
acromonte
Darro
Dúdar
Alhambra
9
10
Güéjar Sierra
12
Huétor-Vega
11
Monachil
La Zubia
Genil
Monasterio de San Jerónimo
Cumbres Verdes
Lomas de Padul
Sierra Nevada
Pito Veleta
13
0 10 20 km

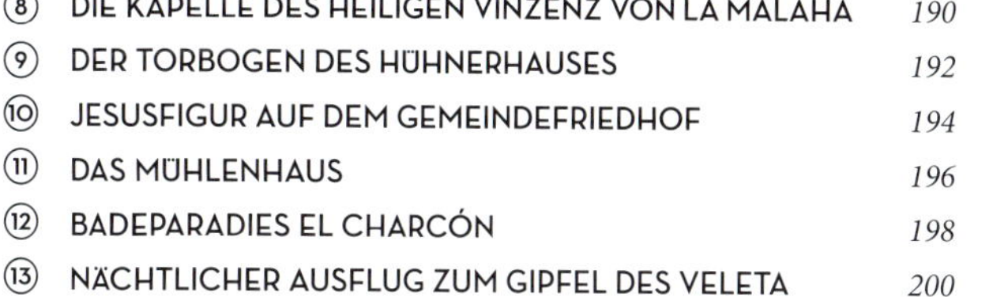

DER RÖMISCHE TURM IN ROMILLA ①

Verteidigungsanlage der Nasriden

Casa Real de Soto de Roma – Paseo de la Reina
An der Straße von Fuente Vaqueros nach Valderrubio (km 23)

Der Torre de Roma („Römischer Turm"), eine bedeutende Verteidigungsanlage aus der Zeit der Nasriden, befindet sich bei dem Dorf Romilla („Kleines Rom"), unweit von Chauchina und auf halber Strecke zwischen Cijuela und Fuente Vaqueros. Aufgrund seiner stattlichen Höhe ist er von allen umliegenden Feldern aus zu sehen. Der Turm markierte

jahrhundertelang den südlichsten Punkt eines großen Jagdgebietes, das als Real Soto de Roma („Königlich-römischer Hain") bekannt war (siehe unten). Das robuste Erscheinungsbild des quadratischen Turms mit seinen drei Etagen wird dadurch verstärkt, dass die Fassade bis auf zwei winzige Luken keinerlei Tür- oder Fensteröffnungen besitzt. Eine unterirdische Zisterne sicherte die Wasserversorgung und Unabhängigkeit der Garnison, die den Turm in den letzten Tagen des Nasridenreichs verteidigte.

Pepe der Römer

Die Bewohner des Dorfs Romilla wurden jahrhundertelang nur Römer genannt. Daher stammt der Name der berühmten Figur Pepe der Römer in Federico Garcia Lorcas letztem Drama *Bernarda Albas Haus.*

El soto de Roma – der Römische Hain

Der Römische Hain war ursprünglich ein altes Landgut aus der römischen Zeit, das den Königen von Granada als Jagdschloss und Erholungsgebiet diente. Das Gut wurde vom Adel genutzt, bis der spanische König Karl IV. es Manuel de Godoy (1767–1851) im Tausch gegen einen Pferdehof in Aranjuez schenkte, sodass Godoy seinen zahlreichen Adelstiteln noch den Rang Herr des Römischen Hains und des Staates Albalá hinzufügen konnte. Während der Herrschaft von Ferdinand VII. wurden sämtliche Besitztümer Godoys beschlagnahmt und der Römische Hain fiel an die Krone zurück – allerdings nur für kurze Zeit. Während der Abwesenheit des Königs schenkten die Cortes von Cádiz das Landgut und die Stadt Ciudad Rodrigo dem Herzog von Wellington als Dank für seine Verdienste bei der Befrciung Spaniens von Napoleon. Bis 1940 gehörten der Römische Hain und die umliegenden Dörfer Fuente Vaqueros, Valderrubio und Romilla dem Herzog, der das Land an Bauern verpachtete, die es ihm im Laufe der Jahre abkaufen konnten.

IN DER UMGEBUNG

Die Villa am Römischen Hain

Die Villa, die heute für elegante Hochzeiten und Bankette genutzt wird, dominierte den Römischen Hain. Sie liegt etwas mehr als einen Kilometer von Fuente Vaqueros entfernt am Ende des Paseo de la Reina in Richtung Valderrubio. Die Villa ist von einem üppigen Garten umgeben und verfügt über prachtvolle Räume. Die Gemeindekirche von Fuente Vaqueros, eine kleine, einschiffige Kapelle, grenzt an den Villenkomplex an. Das Gotteshaus erhielt 1780 den Status einer Gemeindekirche und genoss bis 1837 die Privilegien einer königlichen Kapelle.

DENKMAL FÜR DEN ERFINDER DER PIONONO ②

Der fromme Bäckermeister

Calle Real
18320 Santa Fe

Ceferino Isla González, dem Erfinder des Pionono-Gebäcks, ist nicht nur ein Platz in Santa Fe gewidmet, sondern auch ein Denkmal. Die Statue von Ceferino steht ganz in der Nähe der Bäckerei, in der er die Süßigkeit kreierte, die das Dorf Santa Fe weltberühmt machte.

Der allererste Pionono wurde 1897 zu Ehren von Papst Pius IX. gebacken, welcher 1858 das katholische Kirchendogma der Unbefleckten Empfängnis der Jungfrau und Gottessmutter Maria (siehe unten) verkündet hatte. Der Name des Gebäcks geht auf Papst Pius IX. zurück, der von den Spaniern Pío Noveno und von den Italienern Pio Nono genannt wurde. Die Statue des Bäckermeisters stammt von dem Bildhauer Miguel Moreno aus Granada, der früher in Santa Fe lebte. Er fertigte eine recht originalgetreue Darstellung von Ceferino Isla González an. Dessen Bäckerei in der Calle Real ist heute eine Gourmetkonditorei mit dem Namen Casa Isla.

Man glaubt, dass die Pionono der leicht pummeligen Figur von Papst Pius nachempfunden sind. Das Gebäck besteht im Wesentlichen aus einer dünnen, zylinderförmig gerollten Teigschicht, die mit einer süßen Mischung aus Sahne, Zimt und Sirup gefüllt ist. Der obere Teil des Pionono besteht aus Baiser und soll das Schädelkäppchen symbolisieren, das der Papst als Kopfbedeckung trug. Das weiße Papier, in dem der Pionono gereicht wird, stellt die weiße Soutane des Papstes dar. Piononos wurden rasch zum Lieblingsgebäck des spanischen Königs Alfons XIII., der sie erstmals beim Frühstück einer Jagdgesellschaft im Palast des befreundeten Herzogs von San Pedro de Galatino aß. Über die Herkunft des Rezepts entstanden bald heftige Debatten. Einige Quellen sind der Meinung, dass das Gebäck auf andalusische Traditionen zurückgeht, andere behaupten, dass drei Konditorinnen (verwitwete Schwestern) das Rezept von einer Arbeiterin namens Blanquita erhielten.

Maria, unberührt von der Erbsünde

Das von Papst Pius IX. propagierte Dogma der Unbefleckten Empfängnis der Gottesmutter Maria wurde von der Abtei Sacromonte, dem berühmtesten theologischen Zentrum Granadas, energisch verteidigt. Deren Motto lautet: „Maria, unberührt von der Erbsünde.“

Das längste Pontifikat

Der selige Pius IX. (1792–1878) war der 255. Papst der katholischen Kirche. Seine Amtszeit dauerte 31 Jahre und gilt als das längste Pontifikat in der Geschichte des Papsttums. Möglicherweise übertraf nur das Pontifikat des Apostel Petrus, der 37 Jahre lang Papst gewesen sein soll, diesen Rekord.

DIE BÄDER VON SANTA FE

③

Kostenlos im Heilwasser plantschen

18320 Santa Fe – Eintritt frei

Die Bäder von Santa Fe haben Heilwasser, das einer abgelegenen heißen Quelle entspringt, die ein Dorfbewohner Ende des vergangenen Jahrhunderts zufällig entdeckte. Man kann die wohltuenden Eigenschaften des Thermalwassers von Santa Fe zu jeder Tages- und Nachtzeit genießen.

Vielleicht liegt es daran, dass die Bäder abgelegen und nur schwer zu finden sind, aber sie sind im wahrsten Sinne des Wortes „frei“: Der Eintritt ist kostenlos, und es gibt keine Öffnungs- und Schließzeiten. Schutzmauern, Umkleidekabinen, Personal und Regeln für die Badegäste gibt es allerdings auch nicht. Einige große Unternehmen haben schon versucht, die Quelle zu privatisieren und hier Wellness-Hotels und Golfplätze zu bauen, aber bislang sind die Bäder von Santa Fe für jeden zugänglich. Verschiedene Gemeinschaften aus Santa Fe engagieren sich dafür, dass die Großzügigkeit und Schönheit dieser Badestelle erhalten bleibt.

Die Anlage ist von Olivenbäumen umgeben und leider etwas ungepflegt, da sie nicht gereinigt wird. Der ständige Strom des schwefelhaltigen Wassers, das Temperaturen von 30 bis 34 Grad Celsius besitzt und über das abschüssige Terrain fließt, hat zu einer Erosion des Geländes geführt und drei miteinander verbundene Bassins geschaffen. Diese sind bei Badegästen (mit oder ohne Badekleidung) und auch bei einigen Voyeuren sehr beliebt. Es kommt oft vor, dass Freunde, die nachts lange zusammen gefeiert haben, hier frühmorgens ein Bad nehmen.

Das Drachen-Festival

Jedes Jahr zum Frühlingsanfang kommen zahlreiche Hippies in Wohnmobilen nach Santa Fe, um an den Bädern die Fiesta del Dragón zu feiern.

Das Festival dauert mehrere Tage (aber nie länger als eine Woche) und lockt rund 10.000 Partylustige in die Region.

Entstanden ist das Drachenfest eigentlich in der Gegend um Órgiva – in Las Alpujarras in der Provinz Granada, rund um Tablones und Beneficio.

Probleme mit den städtischen Behörden und der Umstand, dass Las Alpujarras schwer zu erreichen ist, haben dazu geführt, dass das Festival in die Region um Santa Fe verlegt wurde, wo es ebenfalls auf den Widerstand der Dorfbewohner stößt.

Die Bäder von Santa Fe sind nur mit dem Auto zu erreichen. Von Santa Fe aus fährt man bis nach La Dehesilla. Von dort aus geht es bergauf über trockenes Land, bis die Landstraße in einen Feldweg mündet, der zum Canal del Cacín führt. Die Strecke führt weiter am Cacín-Kanal entlang. Unterwegs passiert man auf der rechten Seite das Viertel Buena Vista. Kurze Zeit später mündet der Weg auf die Chimeneas-Straße, die man überquert, und nach einer Weile führt die kleine Straße über eine Schlucht. Ganz in der Nähe führt der Cacín-Kanal vorbei. Von hier aus erreicht man auf der linken Seite einen Fußweg, der zur Schlucht hinunterführt.

DIE HURTAN-AUTOMOBILFABRIK ④

Maßgefertigte Sportwagen

Carretera Antigua de Málaga, km 444 (Verlängerung der Calle Avenida de América), 18320 Santa Fé
958 511 678 – hurtan.com
commercial@hurtan.com

Die Hurtan-Automobilfabrik ist die einzige Fabrik für handgefertigte Luxusautos in Spanien. Hurtan stellt Sportwagen im Stil der 1950er-Jahre her. Die meisten werden direkt in die Vereinigten Arabischen Emirate und nach Nordeuropa exportiert.

Um eines dieser besonderen Fahrzeuge zu erwerben, muss man sich in eine Warteliste eintragen und viel Geduld mitbringen, denn pro Jahr werden nur etwa 60 Hurtan-Wagen hergestellt. Die fünfzehn Mitarbeiter der kleinen Spezialfabrik in der Nähe von Granada benötigen 300 bis 500 Arbeitsstunden (fast sechs Monate) für die Herstellung eines Wagens.

Das Verkaufszentrum befindet sich neben der Fabrik am Rand des Dorfs Santa Fe. Ein Besuch der Werke ist ohne vorherige Reservierung möglich.

Hurtans sind Sportwagen mit zwei oder vier Sitzplätzen, aber sie haben den Motor, die Bremsen sowie die Aufhängung und Lenkung eines Renault Clio und werden ganz auf die Bedürfnisse der Kunden abgestimmt. Seit der Gründung der Marke Hurtan im Jahr 2004 wurden insgesamt 400 Fahrzeuge gebaut. Das Flaggschiff der Firma – der Hurtan Albaycín – kostet (je nach den Sonderwünschen der Kunden) zwischen 37.000 und 75.000 Euro.

Der Kunde bestellt den Wagen aus einem Katalog und kann die Lederart für das Armaturenbrett, die Radkappen und den Tankdeckel (der bei der Firma bestellt wird, die auch den legendären britischen Autohersteller Morgan beliefert) auswählen.

Sogar Weißwandreifen, Dachverkleidungen und Holzdetails können frei gewählt werden. Um die Autositze passend einzustellen und den benötigten Abstand zu den Bremsen zu berechnen, wird die Beinlänge des Kunden ausgemessen.

TABAK-BILDUNGSZENTRUM

5

Adiós Tabak!

Centro de Interpretación del tabaco
Vial de la Vega
958 432051
Besichtigung nach Anmeldung im Rathaus von Vegas del Genil Belicena, 18659 La Vega

Inmitten der ehemaligen Trockenschuppen für Tabak, die 1953 aus Holz und Ziegelsteinen errichtet wurden, befindet sich das Bildungszentrum zum Thema Tabak. Hier erhält man einen Einblick in den traditionellen Tabakanbau, der in La Vega de Granada bis vor kurzem ein bedeutender Wirtschaftszweig war.

Jahrhundertelang lebte die Region vom Tabak. Er stellte die wichtigste Einkommensquelle dar. Doch in den letzten Jahrzehnten ging die Produktion stark zurück. Heute gibt es in La Vega ein Museum, das diesem Aspekt der lokalen Geschichte gewidmet ist. Die hübschen, schlichten Trockenschuppen für die Tabakblätter sind erhalten geblieben, und einige von ihnen wurden zu besonders schützenswerten Kulturbauten erklärt.

Es sind einfache Gebäude, doch sie lohnen einen Besuch, da sie trotz fehlender finanzieller Mittel mit großem Aufwand liebevoll restauriert wurden. Nach der Besichtigung der Schuppen kann man das Gelände des Zentrums sowie weitere Trockenschuppen in der Nähe erkunden.

Einige Schuppen bestehen lediglich aus einem ebenerdigen Raum mit Belüftungsöffnungen in den Wänden, um die im Schuppen an Leinen kopfüber aufgehängten Tabakblätter trocknen zu können. Die Dächer sind mit Schwarzpappelstämmen, Ziegeln, Messingplatten oder Kacheln gedeckt.

Der Anblick der großen grünen Blätter, die mit Grashalmen zu Büscheln zusammengebunden in den Schuppen trocknen, gibt ein getreues Abbild von der glanzvollen Vergangenheit der Region La Vega. Es gab Zeiten, in denen der gesamte Landstrich von hohen Tabakpflanzen und den Ziegelschornsteinen der Zuckerrübenfabriken geprägt war.

Der Wasserreichtum und die fruchtbaren Böden der Ebene, die von den Flüssen Beiro, Darro und Genil gespeist werden, bilden die Grundlage für die uralte Kultur des Tabakanbaus. Bis Ende des 20. Jahrhunderts nutzte man das von den Arabern eingeführte Bewässerungssystem mit geringfügigen Änderungen.

Die frisch geernteten Tabakblätter wurden zehn Tage in den Schuppen zum Trocknen aufgehängt, danach zerkleinert und zu Zigaretten verarbeitet. Im Mai wurde der Tabak gepflanzt, und gegen Ende des Sommers wurde er geerntet.

Obwohl Tabak heute aus anderen Ländern importiert wird, sind auf den Plantagen von Belicena, Churriana de la Vega oder Santa Fe immer noch einige Bauern anzutreffen, die neben Feldern mit Mais, Sonnenblumen oder Gerste auch kleine Tabakfelder bewirtschaften.

DIE BÜSTE DES JUNGEN MIT DEM WASSERKOPF

⑥

Auffallende Disproportionen

Plaza de las Cabras
18110 La Gabias

Im Jahr 2011 wurde auf dem Hauptplatz eine Skulptur enthüllt, die den Wasserkopf von Manuel Fernández Baena – der zu Lebzeiten besser als der »Junge aus Las Gabias« bekannt war –, in voller Größe zeigt.

Der Junge aus Las Gabias machte die Stadt und ihre notorisch starrköpfigen Bewohner (die für ihre „großen" – das heißt „sturen" – Köpfe bekannt sind) in der ganzen Provinz und darüber hinaus bekannt. Über jeden, der einen großen Kopf oder eine eigensinnige Persönlichkeit hatte, scherzte man mit der Redewendung „Dein Kopf ist größer als der des Jungen aus Las Gabias". Das Denkmal erinnert aber auch an die bittere Leidensgeschichte von Manuel Fernández Baena, der wegen seines großen Kopfes von den Nachbarn verspottet wurde.

An der Büste von Javier Casares ist besonders bemerkenswert, dass sie den Schädel des Jungen aus Gabias maßstabsgetreu nachbildet: Dieser hatte ein Volumen von 2.760 Kubikzentimetern – doppelt so groß wie ein durchschnittlicher Schädel und nur 15 Zentimeter kleiner als der größte bekannte Schädel der Welt, der einem Peruaner gehörte. Als Manuel 1917 starb, wurde sein Kopf dem Anatomiemuseum der medizinischen Fakultät in Granada gestiftet.

Heute ist die Stadt stolz auf ihn – so sehr, dass eine der Figuren der Fronleichnamsprozession von Granada auf ihm basiert. Aller Wahrscheinlichkeit nach hätte Manuel tot zur Welt kommen müssen. Aber durch Glück (oder Pech) wurde er 1868 geboren und überlebte bis zum Alter von 49 Jahren.

Sein ganzes Leben lang musste er die Blicke, Kommentare und das Gelächter der Nachbarn und der Leute ertragen, die ihn durch die Stadt stapfen sahen, wo er Lottoscheine verkaufte oder bettelte. Er konnte seinen disproportionierten Kopf nicht verbergen.

Um 1900 traf die medizinische Fakultät dauerhafte Vorkehrungen, damit er eine Rente erhielt, die seine Grundbedürfnisse sicherstellte – unter der Bedingung, dass die Familie von Manuel sich bereit erklärte, den Kopf von Manuel nach seinem Tod der Wissenschaft zur Verfügung zu stellen.

Ein Wasserkopf (Hydrozephalus) beeinträchtigt die geistigen Fähigkeiten erheblich und die Patienten überleben in der Regel nicht einmal das Säuglingsalter. Bei dem Jungen aus Las Gabias lag jedoch nur ein teilweiser Hydrozephalismus vor, sodass er das Erwachsenenalter erreichen konnte. Manuels Gesichtszüge blieben jedoch immer die eines Kindes.

EINE TAUFKAPELLE AUS FRÜHCHRISTLICHER ZEIT

7

Das einzige römische Baptisterium in Spanien

18110 Las Gabias
Anreise von Granada: Auf der Straße Richtung Motril bei „km 3" rechts abbiegen
Besichtigung nach Absprache mit den Besitzern (in der Stadt nach ihnen fragen)

In Las Gabias, nur sieben Kilometer südlich von Granada, befindet sich die einzige vollständig erhaltene frühchristliche Taufkapelle der Iberischen Halbinsel. Sie blieb lange in einem verwahrlosten Zustand, und die örtlichen Behörden arbeiten bis heute nicht mit den exzentrischen Grundstücksbesitzern zusammen, die im Dorf Toleos genannt werden. Wer die Kapelle besichtigen möchte, muss einen Termin mit den Toleos arrangieren, die recht amüsante und originelle Führungen anbieten.

Im Jahr 1920 entdeckte der damalige Besitzer des Grundstücks (ein örtlicher Arbeiter) zufällig Hinweise darauf, dass sich unter der Erde ein Hohlraum verbergen könnte. Er begann zu graben und fand eine unterirdische Kapelle. An der Erdoberfläche war lediglich das Gewölbe zu sehen, das den zentralen Raum bedeckte, und als einzige Lichtquelle in der Gewölbemitte eine kreisrunde Öffnung hatte. Der Mann fand auch einen langen Zugangskorridor aus lokalem Stein und einen Innenraum mit einem achteckigen Taufbecken. An den Bau schloss sich zudem ein Turm mit einer Wendeltreppe an. Die Nachricht von dieser bedeutenden archäologischen Entdeckung verbreitete sich wie ein Lauffeuer, aber der Zugang für Wissenschaftler wird bis heute dadurch erschwert, dass die Eigentümer darauf beharren, dass die Kapelle ihnen gehört. Im Jahr 1922 wurde eine systematische Grabung durchgeführt. Da keine Kontrollen erfolgten, verschwanden dabei die entdeckten Überreste der Baudekoration. Eine zweite Grabung im Jahr 1979 lieferte weitere Informationen über die Kapelle. Inzwischen wurde das Bauwerk auf recht fragwürdige Weise von Amateuren restauriert.

Die Kapelle kann auf keinen genauen Zeitpunkt datiert werden, denn es gibt keine vergleichbaren Funde. Die neuesten Forschungen deuten jedoch darauf hin, dass die Taufkapelle aus der byzantinischen Epoche (ab dem Jahr 554) stammt. Aufgrund ihrer archäologischen Bedeutung wurde sie 1931 zum kunsthistorischen Denkmal ernannt, und 2002 zum geschützten Kulturgut. Seitdem steht das Bauwerk unter Denkmalschutz, ebenso wie das Gelände, auf dem die Kapelle steht. Dort wurden auch Überreste einer römischen Villa gefunden. Für die Zukunft sind weitere archäologische Untersuchungen geplant.

DIE KAPELLE DES HEILIGEN VINZENZ VON LA MALAHÁ

⑧

Die Mumie von La Malahá

Calle Real – Plaza del Santo, 4, 18130 La Malahá
Um die Kapelle zu besuchen, erkundigen Sie sich in der Bar, die vom Sohn von María la del Santo geführt wird – Eintrittspreis: freiwillige Spende

In einer Privatkapelle in La Malahá ruht eine erstaunliche Mumie aus dem 19. Jahrhundert, die von den Einheimischen als der unverwesliche Körper des heiligen Märtyrers Vinzenz verehrt wird. Manche glauben, dass die in Mumie ein verstorbener Adliger ist, der einst in dieser Gegend lebte.

Die allgemein anerkannte Theorie besagt jedoch, dass die Familie Sánchez Mocho die Reliquie bei einer Pilgerfahrt nach Rom gegen eine

kleine Spende vom Vatikan erwarb und nach Spanien mitnahm. In den Kirchen und Stätten, die sie auf ihrer Reise von Italien nach La Malahá besuchten, wurde die Mumie verehrt.

Für die Einheimischen ist die Mumie der Leichnam des heiligen Vinzenz, des Märtyrers von La Malahá (ein Heiliger, der in keinem offiziellen Heiligenverzeichnis auftaucht). Der Raum ist mit Votivgaben, Mudéjar-Dekoration und einem großen Gemälde geschmückt, das den Herrn vom Guten Tod zeigt.

Der rechteckige Raum, in dem die Mumie von La Malahá aufgebahrt ist, befindet sich im Erdgeschoss und ist von der Eingangshalle aus zu erreichen. Die Reliquie ist durch ein Fenster in der Mauer auch von der Straße aus zu besichtigen. Rafael López, der Besitzer des Hauses, kaufte das Gebäude dem Markgrafen von Alhendín ab, dessen Wappen immer noch den Türsturz der Hauptfassade ziert. López scheint sehr stolz darauf zu sein, diese Reliquie in seinem Haus zu haben: Er steht in einem ziemlich unfairen Wettbewerb mit der nahe gelegenen Gemeindekirche, mit der er sich um die Gläubigen streitet, die zu ihm kommen, um den heiligen Leichnam zu bewundern.

IN DER UMGEBUNG

Römische Bäder

In der Nähe des Dorfes La Malahá gibt es einige Thermalbecken, die direkt neben den abgeschiedenen römischen Bädern errichtet wurden, in denen die Einheimischen schon seit antiken Zeiten zu jeder Tages- und Nachtzeit baden gehen.

Die römischen Salzfelder

Die Salzfelder von La Malahá, das 780 Meter über dem Meeresspiegel liegt, erstrecken sich am Fuße des Cerro de la Almenara entlang des Flusses Salado. Der Ort Malahá ist nach diesen Salzfeldern benannt (arabisch *al-mallaha*, „Saline, Salzquelle“).

DER TORBOGEN DES HÜHNERHAUSES

9

Das nasridische Tor des Herrn Goupil

La Casa de las gallinas
Calle Pablo Neruda
18190 Lancha del Genil

An der riesigen Villa, die der reiche französische Industrielle Adolphe Goupil neben seiner Goldmine errichten ließ, befindet sich ein nasridischer Torbogen. Er stammt aus dem 15. Jahrhundert und gehörte ursprünglich zu einem der Sommerhäuser eines der letzten Emire von Granada Abu l-Hasan Ali (Mulhacén).

Jüngsten Untersuchungen zufolge wurde der Bogen ursprünglich als Dekoration für einen Gutshof erbaut, der unter dem Namen Casa de las Gallinas („Hühnerhaus“) bekannt ist, da die christlichen Truppen, als sie den Hof während der Reconquista in Besitz nahmen, dort über 1.500 Hühner vorfanden. Der Hof wurde auch Dar al-Wadi („Haus des Flusslaufes“), Dar al-Huet oder Daralgüit genannt und war eines der zahlreichen Landgüter der nasridischen Herrscherfamilie. Das palastartige Hofgebäude wird zurzeit im Rahmen einer archäologischen Grabung untersucht.

Gegen Ende des 19. Jahrhunderts ließ der Pariser Impresario und Kunstsammler Goupil den markanten nasridischen Torbogen des Gutshofs nach Lancha de Genil bringen. Er bewahrte ihn jahrzehntelang in seiner Villa auf, bis er schließlich Ende des 20. Jahrhunderts wiederentdeckt und an den heutigen Standort versetzt wurde.

Der Bogen in Hufeisenform wird von Zinnen bewehrt. Leider fehlen die Türen sowie die Türscharniere. Es ist überraschend, einen arabischen Torbogen in einem Viertel vorzufinden, das so weit von Granadas Altsatdt entfernt ist. Zwischen den modernen Einfamilienhäusern wirkt das alte arabische Tor wie aus der Zeit gefallen. Man kann sich kaum vorstellen, dass der Durchgang, der heute ins Nirgendwo führt (er steht mitten auf einer Straße), einst zu zwei prachtvollen Palästen gehörte, die im arabischen und neoarabischen Stil errichtet wurden.

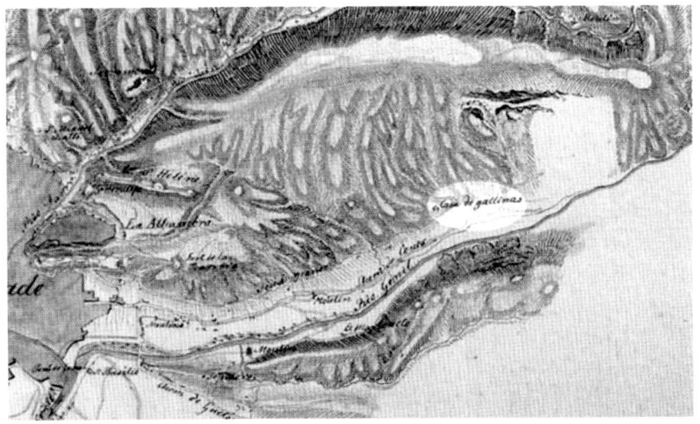

JESUSFIGUR AUF DEM GEMEINDEFRIEDHOF

⑩

Wundersame Heilungen

Friedhof San José – Paseo de la Sabica, s/n – 958 22 18 64
Winter 8–20 Uhr, Sommer 9–18:30 Uhr
Bus 13 und C32

Bei dem berühmten Señor del Cementerio im zweiten Abschnitt des Friedhofs San José handelt es sich um eine Skulptur, die von einem Privatmann zur Bewachung seines Grabes aufgestellt wurde und ihren Namen einer Tradition der Granadinos verdankt. Die Darstellung des „Herrn der Schmerzen" veranlasste Trauernde, auf dem Grab Blumen oder persönliche Gegenstände niederzulegen, damit seine Heiligkeit auf sie überginge, oder die Skulptur zu berühren, wodurch diese schließlich beschädigt wurde. Aufgrund dessen beschloss die Friedhofsverwaltung, die Skulptur nach ihrer Restaurierung durch Panzerglas zu schützen, um den Jesus, dem bereits so viel Leid widerfahren war, vor weiteren Schäden zu bewahren.

In Auftrag gegeben wurde die Statue des Señor del Cementerio 1907 von der Familie des Arztes Manuel Rodríguez Torres, damit sie über dessen Seele wache. Später ging sie als Geschenk in den Besitz der Stadt über. Der Arzt war zu Lebzeiten ein hoch geschätzter Mann und großer Menschenfreund gewesen, dem zahlreiche Patienten an seinem Grab die letzte Ehre erwiesen. Mit der Zeit wurde er derart mystifiziert, dass die Skulptur vielen derjenigen, die an sein Grab kommen, um zu beten oder zu singen, heute als Mittel der wundersamen Heilung gilt.

Muhammad Asad, österreichischer Jude, Konvertit und Mitbegründer Pakistans

Unter den vielen auf dem islamischen Teil des Friedhofs ruhenden Verstorbenen befindet sich auch der österreichische Journalist und Diplomat Muhammad Asad (*1900 in Lemberg, Österreich-Ungarn – †1992 in Mijas, Spanien). Geboren als Leopold Weiss, konvertierte der als Korrespondent für die *Frankfurter Zeitung* tätige Nachkomme von Rabbinern zum Islam. Er gilt als einer der Mitbegründer Pakistans.

Weiss knüpfte auf einer Reise als Korrespondent nach Israel 1922 erste Kontakte zur islamischen Religion. 1927 beschloss er, zum Islam zu konvertieren. Als Berater von König Abd al-Aziz ibn Saud lebte er viele Jahre in Saudi-Arabien. Im Rahmen einer Reise nach Indien begann er, gemeinsam mit Muhammad Iqbal an der Gründung des islamischen Staates Pakistan zu arbeiten und wurde später Vertreter des Landes bei den Vereinten Nationen. Sein Leichnam wurde wie vom Islam vorgeschrieben in ein Leichentuch gewickelt mit dem Gesicht gen Mekka in unmittelbarem Kontakt zur Erde beigesetzt.

DAS MÜHLENHAUS

Die Verwandtschaft der Familie Venegas von Granada

Parque del Molino de los Aragones (Park an der Mühle der Aragonier)
Calle tras Torre, 1, 18193 Monachil - Gemeindeamt/Rathaus von Monachil
958 301 230 - cultura@monachil.es - Mo-Fr 10-14 Uhr
Besichtigungen nur nach Voranmeldung beim Kulturbüro des Gemeindeamtes

In einem großen, geheimnisvollen Herrenhaus im Zentrum von Monachil können Besucher etwas über die weniger bekannten Zweige der Familie Venegas aus Granada erfahren – die Erben der nasridischen Königsfamilie, die seit Jahrhunderten in der Gegend leben.

Strenggenommen war nicht Granada, sondern Monachil die Heimat der Familien Venegas Pintor und Pérez Valiente, der Nachkommen des zweitgeborenen Sohnes der Venegas, der später in die Familie Montezuma einheiratete, die wiederum Nachkommen des gleichnamigen Aztekenherrschers waren.

Die Casa de los Señores de Aragón („Haus der Herren von Aragón") bzw. die Casa de las señoricas („Haus der Señoricos") – die in der Region als Casa del Molino („Mühlenhaus") bekannt ist – war der letzte Adelssitz, der in der Region gebaut wurde. Das renovierungsbdürftige Anwesen besteht aus einer intakten Mühle und mehreren Außengebäuden, die typisch für einen ländlichen Adelssitz sind. Betritt man das Haus durch den Eingang an der Hauptfassade, der mit einem Türsturz und einem in Stein gehauenen Wappen geschmückt ist, befindet man sich in einem Innenhof mit einem Glasdach, das von dorischen Säulen gestützt wird. Im Haus hängt prominent ein Gemälde der Jungfrau Maria mit der Inschrift *Verdadero retrato de Ntra. Sra. La Virgen de las Angustias (Wahres Bildnis der Schmerzensmutter)*. Auf dem Gelände des Anwesens steht das bereits erwähnte Mühlhaus mit mehreren Mühlsteinen, einer Seilwinde und verschiedenen Seilrollen sowie eine alte Olivenölpresse.

Der gesamte Komplex besteht im Grunde aus zwei Häusern: Die ältere, kleinere Villa ist eine Rekonstruktion des Palastes, den Alonso de Venegas im 15. Jahrhundert an einem anderen Standort erbaute. Das zweite Gebäude stammt von 1780 und gehörte José Pedro Pérez Valiente, einem wohlhabenden Einwohner der Stadt. Die Familie der Aragón, die in der Stadt nur als die „Señoricos von Aragón" bekannt waren, kaufte das Anwesen erst Anfang des 20. Jahrhunderts. Einst lebte hier sogar ein Nachkomme des Aztekenherrschers Montezuma. Sein Name ist im Wappen der Familie Aragón zu lesen, das am Hauptaltar der Kirche von Monachil hängt. Seit 2004 ist das Grundstück im Besitz der Gemeinde.

BADEPARADIES EL CHARCÓN

An der Quelle des Flusses Genil

Camino del Charcón
18160 Güejar Sierra

Der Fluss Maitena, der in den Genil mündet, fließt unter einem nahegelegenen Hain in ein großes Becken, den Charcón. Hier, zwischen den Felsklippen im Barranco de San Juan, kann man wunderbar den Sonnenuntergang beobachten, der den Himmel zwischen den Kiefern- und Olivenbäumen in einer Vielfalt von Rottönen erstrahlen lässt. Dieser bezaubernde Ort war früher eine der wichtigsten Stationen der Seilbahn zur Sierra Nevada.

Jedes Jahr während der heißen Sommermonate kommen Menschen hierher, um im Charcón zu plantschen und die Natur zu genießen. Nach einem hervorragenden Essen im Uferrestaurant kann man hier einen Kaffee im kühlen Schatten trinken, dem Plätschern des nahen Flusses lauschen und den Badegästen dabei zusehen, wie sie über die Treppe in das kühle Nass steigen.

An der Strecke, die parallel zum Fluss verläuft, gibt es mehrere natürliche und künstlich angelegte Badestellen, die ebenfalls einen Besuch lohnen. Hier führte einst die Seilbahn entlang, die 1973 stillgelegt wurde.

Die Route Vereda de la Estrella ist ein abwechslungsreicher und idyllischer Rundwanderweg für den Nachmittag, der sich unbedingt lohnt. Am Fluss gibt es auch einige Campingplätze, wo man sich mit Freunden treffen, plaudern und baden kann.

Der Fluss, der in der Sierra Nevada entspringt, rauscht hinunter zum Staudamm und fließt dann weiter nach La Vega und Granada. Am Flussufer befindet sich das *Hotel Duke's*, das heute der örtlichen katholischen Diözese gehört.

Im heißen Sommer von Granada erinnert die Flusslandschaft am Becken El Charcón mit dem schattigen Ufer und der frischen Brise ein wenig an das Klima und das reizvolle Flair nordeuropäischer Länder. Für einen Moment fühlt man sich dann nach Garmisch-Partenkirchen in Oberbayern oder an eine schöne Picknickstelle in Versailles versetzt.

NÄCHTLICHER AUSFLUG ZUM GIPFEL DES VELETA

⑬

Eine Nacht auf dem Dreitausender

Agencia Sierra Nevada Club
Tel: 902 708 090
sierranevadaclub.es/
agencia@sierranevadaclub.es
Wanderungen: Sa 19.30 Uhr (im Winter). Im Sommer variieren die Startzeiten
Die Wanderungen finden nur bei günstigen Wetterbedingungen statt
Im Voraus reservieren

Das Skigebiet der Sierra Nevada bietet seinen Gästen in der langen Wintersaison „besondere" Aktivitäten an. Eines dieser Events, das schon seit vielen Jahren stattfindet, ist eine nächtliche Tour auf den Pico del Veleta.

Der „Aufstieg" zum Gipfel des dritthöchsten Bergs (3.395,68 Meter) der Iberischen Halbinsel ist ziemlich verrückt: Man fährt mit Schneemobilen von Pradollano über leere Skipisten direkt bis zum Gipfel des Veleta. Die Aussicht bei Nacht ist atemberaubend. Bei klarem Himmel kann man sogar die Lichter Marokkos und die Strandbars von Motril und Carchuna sehen.

Die Kälte auf dem Gipfel ist beißend, aber die Führer dieser einzigartigen Tour bieten ihren Gästen Wein mit Tapas an, damit sich die strapaziösen Temperaturen, die nach Sonnenuntergang auf dem Gipfel herrschen (15–20 Grad Minus), leichter ertragen lassen.

IN DER UMGEBUNG

Ein Abendessen im höchstgelegenen Restaurant Europas

Restaurant Alcazaba de Borreguiles
902 708 090 – agencia@sierranevadaclub.es
Reservierung erforderlich (Kontakt über die E-Mail-Adresse der Sierra Nevada Club Agencia)
Geöffnet: Dezember bis Mai (je nach Skisaison) 20.30–22.30 Uhr
An Samstagen, wenn die Skipisten nachts geöffnet sind, fährt die Seilbahn bis 20 Uhr. Die Rückfahrt erfolgt mit dem Auto oder auf Skiern, sobald die letzte Seilbahn ins Tal fährt.
Gruppen: mindestens 50 Personen
Bei kleineren Gruppen: Verfügbarkeit und Preise im Voraus prüfen
Preis: ab 50 € pro Person
Die Abfahrt (mit Seilbahn, Skiern oder Auto) ist im Preis inbegriffen.

Auf dem Borreguiles, einem Gipfel des Veleta, kann man in einer Höhe von über 2.700 Metern ein besonderes Abendessen im Alcazaba de Borreguiles – dem höchstgelegenen Restaurant Europas – genießen. Das Lokal liegt mitten im Skigebiet.

Der Ursprung des Namens „Veleta“

Der Name „Veleta“ könnte etymologisch von dem Wort *veleta* (Wetterfahne) abstammen oder eine Ableitung von *vela* (Kerze) sein, also ein Hinweis auf die auffällige Silhouette des Berges geben. Da „Veleta“ jedoch ein maskulines Nomen ist, stammt es wahrscheinlich vom arabischen Wort *balata* ab, einem Synonym für *balate* (schneiden/zerhacken), einem typischen und weit verbreiteten Wort im Dialekt der Region Granada. Der Name „Veleta“ bezieht sich demnach auf die über 500 Meter tiefen Schluchten, die man vom Gipfel aus sieht.

Der Kartoffelfrieden

Im Spanischen Bürgerkrieg gab es die stillschweigende Vereinbarung, den Feind nur zu bestimmten Tageszeiten zu bombardieren. Man nannte dies den „Kartoffelfrieden“. In den Nachtstunden konnten sich die Soldaten vergnügen, während der Feind ihre Linien überquerte, um nach Bergkartoffeln zu suchen, die in Gruben vergraben waren, damit sie nicht einfroren. Es gab eine Art Pakt, die Späher in Ruhe zu lassen, wenn sie nachts Kartoffeln sammelten. Manchmal trafen Nationalisten und Republikaner sogar aufeinander, während sie im Mondlicht nach Kartoffeln suchten.

Schutzräume aus dem Bürgerkrieg

Im Winter ist der Gipfel des Veleta von einer zwei bis drei Meter dicken Schneeschicht bedeckt. Taut der Schnee im Sommer ab, kann man auf einer Höhe von 3.100 Metern die Veleta-Stellungen sehen – alte militärische Brüstungsmauern aus dem Spanischen Bürgerkrieg. Sie wurden genutzt, um den (republikanischen) Alpujarra-Pass vom (nationalen) Norden aus zu überwachen. Dort, auf dem Gipfel des Pico del Veleta, wurde das Dąbrowski-Bataillon der XIII. Internationalen Brigade formiert. Sie versuchte in den 1930er-Jahren nach der Niederlage der Republikaner in Málaga erfolglos, die Stadt Motril zurückzuerobern, und stieß über den Alpujarra-Pass in die Sierra Nevada vor. In Trevélez gelang es ihnen, die Nationalisten zurückzudrängen, die sich auf den Gipfel des Mulhacén zurückziehen mussten. Auf über 3.000 Metern bildete die Brigade eine erbitterte Front, doch die extreme Kälte machte den Berg zu einem Posten, der nur für strategische Zwecke genutzt werden konnte. Auf Pico del Veleta kam es nur zu einer einzigen Konfrontation. Diese fand Ende Juli 1936 statt. Zur Zeit des Franco-Regimes wurden die Schutzräume von der Widerstandsbewegung genutzt (besonders von der Gruppe „Yatero", die in ihrer Hochphase über 300 bewaffnete Männer verfügte), denn die Stellungen hatten kleine Fenster, durch die man jede feindliche Bewegung beobachten konnte.

Der Marquis von Mulhacén

Im Jahr 1870 begann General Ibáñez Ibero, der Marquis von Mulhacén, geodätische Studien durchzuführen, wobei er die Sichtverbindung zwischen den Bergipfeln Mulhacén (Sierra Nevada) und Tetica (Sierra de los Filabres) sowie zwei weitere Gipfel in Argelia nutzte. Er schuf Wanderpfade in der Sierra und baute Camps für Wissenschaftler und Soldaten, die teilweise noch heute erhalten sind. Der General erfand den „Ibáñez-Apparat", der zur geodätischen Grundlagenvermessung (Triangulation) genutzt wird, und trieb die Erstellung einer topografischen Karte von Spanien im Maßstab von 1:50000 voran.

Im September 1995 hielt sich Thomas Jonglez in der Stadt Peshawar auf. Sie liegt im Norden Pakistans, zwanzig Kilometer von der Stammeszone entfernt, die er ein paar Tage später besuchen wollte. Dort kam ihm der Gedanke, alle verborgenen Winkel seiner Heimatstadt Paris, die er wie seine Westentasche kannte, schriftlich festzuhalten. Auf seiner Heimreise von Beijing, die sieben Monate dauerte, durchquerte er Tibet (wo er heimlich, unter Decken in einem Nachtbus versteckt, einreiste), Iran und Kurdistan. Er reiste dabei nie im Flugzeug, sondern per Boot, Zug oder Bus, per Anhalter, mit dem Rad, dem Pferd oder zu Fuß und erreichte Paris gerade rechtzeitig, um mit seiner Familie Weihnachten feiern zu können.

Nach seiner Rückkehr verbrachte er zwei großartige Jahre damit, durch die Straßen von Paris zu streifen, um gemeinsam mit einem Freund seinen ersten Reiseführer über die verborgenen Orte seiner Stadt zu schreiben. Während der nächsten sieben Jahre arbeitete er im Stahlsektor, bis ihn seine Entdeckerleidenschaft wieder überfiel. 2003 gründete er den Jonglez Verlag und zog drei Jahre später nach Venedig.

2013 verließ er mit seiner Familie Venedig auf der Suche nach neuen Abenteuern und unternahm eine sechsmonatige Reise nach Brasilien mit Zwischenstopps in Nordkorea, Mikronesien, auf den Salomon-Inseln, der Osterinsel, in Peru und Bolivien.

Nach sieben Jahren in Rio de Janeiro lebt er heute mit seiner Frau und seinen drei Kindern in Berlin.

Der Jonglez Verlag publiziert Titel in neun Sprachen und 40 Ländern.

IM SELBEN VERLAG ERSCHIENEN

ATLAS

Atlas der geographischen Kuriositäten

BILDBÄNDE

Abandoned Asylums (auf Englisch)
Abandoned Australia (auf Englisch)
Abandoned France (auf Englisch)
Abandoned Lebanon (auf Englisch)
Abandoned Spain (auf Englisch)
After the Final Curtain – The Fall of the American Movie Theater (auf Englisch)
After the Final Curtain – America's Abandoned Theaters (auf Englisch)
Baikonur – Vestiges of the Soviet Space Programme (auf Englisch)
Chernobyl's Atomic Legacy (auf Englisch)
Forbidden Places – Exploring our Abandoned Heritage Vol. 1 (auf Englisch)
Forbidden Places – Exploring our Abandoned Heritage Vol. 2 (auf Englisch)
Forbidden Places – Exploring our Abandoned Heritage Vol. 3 (auf Englisch)
Forgotten Heritage (auf Englisch)
Stilles Venedig
Ungewöhnliche Hotels
Unusual Wines (auf Englisch)
Verbotene Orte
Verlassenes Japan
Verlassenes Italien
Verlassene Kirchen – Kultstättten im Verfall
Verlassene UdSSR
Verlassene USA
Venedig aus der Luft

VERBORGENES-REISEFÜHRER

Verborgenes Bali
Verborgenes Bangkok
Verborgenes Berlin
Verborgene Dolomiten
Verborgenes Florenz
Verborgenes Genf
Verborgenes Hamburg
Verborgenes Istanbul
Verborgenes Kopenhagen
Verborgenes Korsika
Verborgenes Lissabon
Verborgenes London
Verborgenes Los Angeles
Verborgenes Mailand
Verborgenes New York
Verborgenes Paris
Verborgene Provence
Verborgenes Rom
Verborgenes Sevilla
Verborgene Toskana
Verborgenes Venedig
Verborgenes Wien

„SOUL OF"-REIHE

Soul of Amsterdam – 30 einzigartige Erlebnisse
Soul of Athen – 30 einzigartige Erlebnisse
Soul of Barcelona – 30 einzigartige Erlebnisse
Soul of Berlin – 30 einzigartige Erlebnisse
Soul of Kyoto – 30 einzigartige Erlebnisse
Soul of Lisbon – 30 einzigartige Erlebnisse
Soul of Marrakesch – 30 einzigartige Erlebnisse
Soul of New York – 30 einzigartige Erlebnisse
Soul of Rom – 30 einzigartige Erlebnisse
Soul of Tokio – 30 einzigartige Erlebnisse
Soul of Venedig – 30 einzigartige Erlebnisse

Folgen Sie uns auf Facebook, Instagram und Twitter

DANK AN

Ignacio Maury Rodríguez-Bolívar, Max Mederer, Ana Cristina Benítez, Guillermo García Alcaide, Luis Fernández Yudes, David Rodríguez Fernández, Mariano Cruz, Isidoro (von der Cuti-Zisterne), Gabriel Ruiz Zafra, Carmen Enríquez de Luna y del Mazo, Simona Calía, Francisco Fernández Fábregas, Lía Guerrero Giraldo, Frutos Granados, José Ildefonso González Morillo, Tatjana Portnova, Noelle Nicholson, Mercedes Moll de Miguel, Ignacio Requesens und A. K.

Andalusia Heritage Foundation („Stiftung für Andalusisches Erbe"), UIM, CCU Casa de Porras-UGR, Convento de Bernardas Reales, Stiftung der Ave-María-Schulen, Asociación Vaivén Paraíso, Cortijo del Marqués Hotel, Miguel „Toleo" (Inhaber der Casa del Santo), Fremdenverkehrsamt der Stadt Granada, Konsortium des Wissenschaftsparks, Unidad de policía del subsuelo de la Policía Nacional de Granada und die Confederación Hidrográfica del Guadalquivi (Hydrografischer Verband Guadalquivir).

BILDNACHWEIS

Alle Fotos von **Dunya El-Sahoud** – außer:
Jesús Vallecillos (Seiten 20, 80, 184, 206 und 207, 219), Javier Satori (Seite 46), Archive von La Opinión de Granada/José Ruiz de Almodóvar (Seite 131), Mazintosh (Seite 106), Andalusian Heritage Foundation (Seiten 49 und 62), Wissenschaftsmuseum des Instituto Padre Suárez – Archiv des Direktors (Seite 22).

Karten: **Cyrille Suss** – Layout: **Emmanuelle Willard Toulemonde** – Übersetzung: **Claudia Riefert** – Korrektorat: **Johanna Kling** – Lektorat: **Antje Eszerski** – Konzeption: **Clémence Mathé**

Pflichtexemplar: April 2023 – 1. Auflage
ISBN: 978-2-36195-620-2
Gedruckt in Bulgarien von Dedrax